蓮舫「二重国籍」のデタラメ

八幡和郎

写真提供＝毎日新聞社

プロローグ

「二重国籍」とは何かを教えてくれた

蓮舫の二重国籍をめぐる疑惑と驚くべき事実の発覚は、２つの意味で、日本の政治史上、画期的なものだ。

第一は、「国籍」という、島国の住人にとって切実に意識することのなかった問題を意識させたことである。

海外で暮らした人間は、どこの国籍を持っているかで、人生の選択肢が大きく変わることを知っている。しかし、普通の日本人は国籍の選択に迫られることはないし、その重要さを感じることもない。せいぜい、在日コリアンの友人が、本人は帰化したいが親をどう説得するか悩んでいるのを見て、大変だと同情するときに意識するくらいだ。

ところがなんと、野党第一党の代表が二重国籍で、しかも指摘されても嘘をついて隠し通そうとしたというあり得ない事態が起きた。

それに対して、状況がよく飲み込めないまま、「政治家が外国人だなんてけしからん！」「そんな重要なことなのか？」「国際化時代だから結構なのでは？」「二重国籍って格好いい！」などと感覚的に反応した人が大半だったと思う。

リベラルや左翼でも、国籍をいい加減に扱っては政治家の資格なしと言う人もいた。反対に、政治家だからといって二重国籍を問題にするのは、レイシズム（人種差別主義）の一種でないかという見当外れな説を唱えた人もいた。

また、二重国籍者が家族や友人にいることから、一般論としての是非は関係なく、困惑したり反発を示したりする人もいた。日米二重国籍が法的に許されないことを承知でそのままにしている人で、それを前提に生活設計をしている人は少なからずいるのだ。

〝告発者〟である私は、いわゆる保守派ではない。ヨーロッパ的な分類でなら穏健左派だし、アメリカでなら正統派のリベラルだ。ただ日本人、とくにリベラルや左派と自称する人には、国家というものの大事さが空気のようになってしまって意識しない人が多い。

だから、国家や国籍は大事だと全世界で常識的な意識を持つ人に対して、保守派とか、甚《はなは》だしくは極右とか国家主義者とか、レイシストなどという非常識なレッテル貼りがされがちだ。「政治家には国家への忠誠が求められる」と言っただけで、「戦前回帰で恐ろしい」と私を批判した人がいたが、極楽とんぼぶりにはあきれるしかない。

もっとも、そういう自称リベラルの人たちが、中国や韓国・朝鮮の国家主義者、民族主義者にはやたら甘いのだから不思議である。私はそういう人を〝(中韓朝の国粋主義者にマインドコントロールされた)変態右翼〟と呼んでいる。

第二に画期的だったのは、この問題の指摘がインターネット上で行われ、一般紙もテレビも、週刊誌すらほとんど報道しないまま、夕刊紙の『夕刊フジ』とネットメディアの「アゴラ」(http://agora-web.jp)が一般読者の協力を得ながら追い詰めて、ついには本人に二重国籍だったことを告白させたことだ。

当然、インターネットを通じてニュースを読む習慣のない国民は置いてきぼりをくらった。すでに、その1か月あまり前の東京都知事選挙では、鳥越俊太郎氏の淫行疑惑が『週刊文春』によって暴露され、これも新聞・テレビは置き去りにされたのだが、今回は週刊誌すら追いつけなかった。なぜなら、事態が数時間単位で変化するので、週刊誌では記事が発売時点で陳腐化せざるを得なかったからだ。

私はこの蓮舫の問題を8月中頃から取り上げていたが、蓮舫事務所の奇妙な反応を見て「二重国籍だ」と閃《ひらめ》いて疑惑を指摘したのは8月29日である。それから、その可能性もあると認めさせたのが9月6日、二重国籍だと認めさせたのが9月13日だ。

この早い展開は、彼女が左翼系御用マスコミでのインタビューを通じて流したジャーナリストと思えない甘いヨイショ記事について、ネットで数時間内に矛盾を指摘し、しかもネット読者が協力し情報を集めて翌朝には嘘がばれている状況を作り出したからだ。

蓮舫が、「台湾籍の離脱手続きを17歳のときにした」と言えば、台湾の国籍法では20歳までできないことがその夜には明らかになったし、「台湾籍が抜かれているか当局が調べるのにかなりの時間がかかる」と言えば、台湾の官報はすべてネット上で公開されているので、読者が手分けして調べた結果、24時間以内に国籍離脱はされていないことが判明した。

さらに、本人が1990年代にタレントだった頃、二重国籍だと宣伝したり、日本のパスポートを見て悲しかったと話したりしていたマスコミの記事を、ネット上や図書館に行って見つけてくれた人がたくさんいた。

この過程で、私は自分が知っていることを、情報提供者との関係で公開できないことや外交関係上、公にできないこと以外はすべて公開した。「手の内を蓮舫側に知らせるから愚かだ」というアドバイスもあったが、オープンにすることで情報が集まってくるメリットのほうがはるかに大きかったのである。

蓮舫の「二重国籍」問題はこれからも続く？

蓮舫の二重国籍問題は、まだまだこれからだ。何しろ、本人が証拠書類をほとんど出さないので、本当に二重国籍が解消されたかすら不明なまま。これまで説明を二転三転してきたのだから、信用しろと言われても無理だ。

また、二重国籍であることを知らなかったと言っているが、過去にマスコミで中国籍だとさんざん語っているのだから、信じがたい。ハーフタレントとしてのリップサービスだったと言われても、不倫したと自慢していた男が問題にされたらあれは嘘だったと言っているようなものだ。過去形で言ったのを現在形に間違って書かれたと言われても、度重なっているのでは説得力がない。

さらに、パスポートなどを含めて台湾籍を利用したことがないのかも問題である。公職選挙法上の経歴詐称や税法上の問題、あるいは中国・台湾との関係など、これまでかたくなに隠していたことには重大な何かがあると疑われるくらいは仕方あるまい。

そうしたことも含めて、この問題を最初に指摘した者として経過を整理し、何がまだ問題なのか、二重国籍問題との関連で日本の国が抱える脆弱《ぜいじゃく》さ、そして大事な問題ほど扱わないマスコミの病理などを明かしたのが本書である。

この場を借りて、改めて「アゴラ」編集長の新田哲史氏、アゴラの主宰者でありかつ私とは別の観点からの記事で追及に加わっていただいた池田信夫氏、『夕刊フジ』編集局の矢野将史氏、それに『月刊Ｈａｎａｄａ』で総合誌として初めてまとまった記事を掲載し、本書刊行をとりはからってくださった花田紀凱氏に御礼を申し上げたい。また、清原ゆうき氏はネットに散らばっている情報を探すなどの作業をよく手伝ってくれた。

なお、いわゆる台湾籍は正式には中華民国籍だが、マスコミでは台湾籍と表現されることが多く、また、日本の戸籍では日中国交正常化以前から「中国籍」（中華人民共和国籍を意味しない）と記載されている。本書では原則は台湾籍としつつ、場合によっては他の表現を使うこととする。

本文中に登場する公人については、引用箇所を除いて、基本的には敬称を略している（一部例外あり）。

2016年12月

八幡和郎

※本書の内容は2016年12月5日時点の情報に基づいている。

蓮舫「二重国籍」のデタラメ　目次

プロローグ

第1章　蓮舫「二重国籍」疑惑とは何だったのか

第2章　そもそも「二重国籍」問題とは何か

第3章　ドキュメント蓮舫事件 Part 1（2016年8月11日〜9月12日）

第4章　ドキュメント蓮舫事件 Part 2（2016年9月13日〜10月30日）

第5章 謝家の男と女三代の物語

第6章 「帰化政治家」のアイデンティティ

第7章　「蓮舫」はファーストネーム

第8章　蓮舫への台湾人の複雑な気持ち

エピローグ

第1章

蓮舫「二重国籍」疑惑とは何だったのか

二重国籍を隠した華人が首相になろうとしていた

日本人と華人（中国系の人々の国籍に限らない総称）のハーフで、アジアの時代にふさわしいインターナショナルな雰囲気と、日本人離れした歯切れの良い発言で注目された女性タレントがいた。彼女の人気に目をつけた政党が、「日本社会が向かうべき多様性の象徴だ」と言って国会議員に押し上げ、大臣にし、日本で初めての女性首相にと代表にまでした。

ところが、彼女は選挙のときに台湾から日本に帰化したと説明していたが、実は、二重国籍のままだった。しかも、その可能性をネットや夕刊紙で指摘したとき、最初は否定し、自分は日本人であることを選んで台湾籍は抜いたと主張した。だが、台湾籍を抜いたことも日本籍を選んだこともなかった。そして、法律上も日本と中華民国（台湾）の国民であることは、彼女にとって同じウェイトの立場であることまで白状せざるを得なくなった。

そして、問題発覚後になってからだが、台湾籍からの離脱と、日本人であることの選択手続きをしたと主張しているが、証明する書類を公開しない。また、法的に認められない二重国籍だった時期に台湾のパスポートを利用したかどうかなども明らかになっておらず、疑惑のタネは尽きない。

さらに疑惑解明の過程では「生まれたときから気持ちは日本人」と言っていたのに、若い頃には「日本のパスポートを手にしたときは悲しかった」「自分のアイデンティティは日本にない」「自分は中国国籍である」などとマスコミのインタビューで答えていたことまで判明した。

ネットだけで政治は動き、新聞・テレビは蚊帳の外

それでも、彼女を擁護《ようご》する政治家やジャーナリスト、一部の左派系論客は、こんなへんちくりんな議論を言いつのる。

「二重国籍を違法とすることが間違っているから、それに違反しても非難すべきでない」

「少なくとも違法な状態を解消した以上は、過去の法に反した行いや嘘をついたことは問題にするべきでない」

「国籍であるとか政治家が日本に愛着を感じているかどうかとか国益に忠実であることを

問うことなどは人種差別であり、人権侵害だ」

世界各国では、このような国籍についての疑惑があれば、マスコミ挙げての追及が行われるのが普通だ。しかし、ネットや夕刊紙で問題提起されたあとも、マスコミはこれを控えめにしか報道しない。とくに公共放送たるNHKはひどい。

その結果、ネットで情報を得る情報強者の日本人は、この問題に精通していて怒っているが、新聞や地上波のテレビでしかニュースを知らない情報弱者の国民は、そんな噂を少し聞いたことがあるというレベルにとどまっている。

この馬鹿げた状況を、読売新聞OBの中村仁氏は以下のように書いている。

《蓮舫氏が日本と台湾の二重国籍を持っているのではないか。この疑惑を言論プラットフォームの「アゴラ」が舞台になって、元経産省官僚らがもう2週間以上、連日、次々に疑問点を発掘し、追及を続けてきました。大手各紙は「ネットで騒いでいるにすぎない。いずれ下火になる」くらいに思ってきたのではないでしょうか。〔中略〕

それが下火になるどころか、蓮舫氏自身が7日になって、台湾籍の放棄を届け出たことを明らかにしました。「1985年に放棄の手続きは取っている。今回は念のため、国籍放棄を改めて届け出た」としています。蓮舫氏の説明はそれまで二転三転、「台湾籍は離脱している。質問の意味が分からない」と周囲をはぐらかせてきましたから、勝負あったですね。》（アゴラ２０１６年9月8日より）

また、ノンフィクション作家の門田隆将氏は以下のように書いている。

《新聞は、ファクト（事実）を正確に伝えているだろうか。それとも論点をすり替えることに加担しているのか。／久々に、そんな興味深い考察をさせてくれたのが、ネットから発信されて広がった蓮舫氏の二重国籍問題だった。〔中略〕

かつて、蓮舫氏は、二重国籍を隠すことはなく、堂々とこれを表明していた。つまり、蓮舫氏は、「うっかり手続きを怠っていた」のではなく二重国籍を認識し、その上で国会議員となり、閣僚となっていた。そして今回の告発がなければ、二重国籍のまま自衛隊の最高指揮官であり、外交責任者たる「総理」を目指す野党第一党党首となっていたのである。問題の核心は、ここにある。

では、新聞はこれをどう伝えただろうか。この核心をきちんと報じていたのは、読売と産経2紙だけで、ほかはこれらの重要なファクトを隠した上で、〈「純粋な日本人」であることは、それほど大切なのだろうか？〉（朝日　9月25日付）〈根底には純血主義や排外主義、民族差別意識があると感じる〉（毎日　同21日付）といった具合に論点はすり替えられた。

過去の蓮舫氏の発言を紹介し、二転三転する同氏の発言を正確に報じなければ、読者に論点は見えてこない。今回もそれらを補い、本質的な論争は、すべてネット上でくり広げられた。そこに生じたのは、ネットでも情報を取得する層と、新聞やテレビのみにこれを頼る層との圧倒的な意識の乖離《かいり》である。

国民にとって、新聞は、もはや必要不可欠な存在なのか。そんなことまで考えさせてくれた蓮舫氏の二重国籍問題だった。》（産経新聞 2016年10月2日より）

ついでながら、中村仁氏はアゴラにおいて、大手新聞が私自身の名前やアゴラの名前を抜きにして報じることが多かった点にも触れている。鳥越俊太郎氏はネットを「裏社会」と誹謗《ひぼう》したが、同じような意識は困るのである。

《丹念に疑惑を掘り下げてきた八幡和郎氏、問題提起の舞台となった「アゴラ」は、「一部に報道された」とか、「ネットで指摘された」などの大手紙の表現は許されないと批判しています。問題を最初に発掘し、報道した当事者の名称を紹介、明記すべきだというのです。

メディア報道、特に新聞は発表物偏重の報道姿勢が批判され、政権、省庁、検察・警察などに頼らない独自の調査報道に力をいれていかなければならなくなっています。今回の二重国籍問題は八幡氏が中心になって調査、執筆し、「アゴラ」も応援して波紋を広げました。発端は内部告発ではなく、国籍に対する問題意識が出発点だったようですね。第一報を読んで、各方面から追加情報の提供もあったのではないですか。

問題点を探知し、コツコツと調べあげ、ネットで成果を次々に公表し、ついに伝統的メディアである新聞・テレビも取り上げざるを得なくなった。新しいケースでしょう。内部告発に独自調査を加味した週刊誌報道を、新聞・テレビが後追いするケースが続出していますね。今後はさらにネットをベースにした調査報道が増えていくのでしょうか。》（アゴラ2016年9月8日より）

また、選挙プランナーの三浦博史氏は、《大体、この情報過多と言われる時代で、評論家の八幡和郎氏の告発記事がなければ誰も気づかないということにも危惧せざるをえませんね。》（BLOGOS 2016年9月9日より）と書いている。

都知事選に立候補した鳥越俊太郎氏の淫行疑惑は『週刊文春』が提起し、有権者の投票行動を動かすことになったが、本件はアゴラを通じて、蓮舫自身が否定発言をしても、ネットを通じて瞬時にその矛盾点が明らかになった。翌週の発売まで動きが止まる週刊誌とは違うスピードで展開したのだ。文字通り〝巨悪を眠らせない〟といった趣であった。

テロと脱税の温床になりかねない二重国籍

いま世界の先進国は、移民や難民の増加による負担増、テロなどによる治安の悪化、多国籍企業の税金逃れ、社会格差の増大に悩んでいる。グローバリゼーションや地域統合には賛否両論があり、私はそれを推進することを是とする立場だが、その副作用に適切に対処することは不可欠だと思う。

二重国籍について、男女平等や無国籍者をなくすといった観点から柔軟な対処が必要になっているという流れもある。一方、厳格に運用して解消させる傾向も強くなっているのが現状だ。少なくともそれを好ましいと考えている国はない。法制度上は認めているアメリカも公式に「支持しない」という立場を明確にしている。まして、それを隠すなど論外だというのが世界的な常識だ。

私は、国粋主義的な立場からこういう問題に危機感を持っているのではない。留学も勤務もフランスで、子供もフランスで生まれたから、二重国籍問題は他人事ではない。ＥＵ統合にも大賛成だし、ＴＰＰにも賛成、移民の受け入れは条件付きだが推進派だし、外国人地方参政権にも将来において条件が整備されれば反対ではない。

外国系の政治家も多く見てきた。彼らがフランスへの愛着と忠誠を涙ぐましいばかりに表明し実践していることを知っている。アメリカ大統領選挙でも候補者の出自やそれが及ぼす国家への忠誠度についての疑念は、いつも中心的なテーマになっている。

国際化に伴う問題に甘い対処をすることの危険性も嫌というほど知っているからこそ、二重国籍問題、なかんずく、政治家の「それはたいした問題でない」という〝鎖国ガラパゴス頭脳の不見識〟とは断固戦いたいのだ。

ところで、日本に限らずアジアの国々にとって、中国の人口の多さは頭痛のタネだ。東南アジア諸国では古くから人口においても経済力においても華僑が圧倒的で、国としてのアイデンティティの維持が困難になっている。

東アジアでＥＵのような統合ができないのも、仮に同じようにしたら、中国の人口が地域の過半を占めているので、中国の支配のもとに置かれるだけだからだ。日本にとっても、中国の脅威は軍事面以上に、人口に占める比率の増加にあると思うし、中国の混乱から難民が流れ出せば、現在ヨーロッパがシリアなどからの難民に悩んでいるのとは桁違いの深刻な問題になる。

だからこそ、中国の安定が日本にとっても国益に適《かな》うし、日中友好や協力を進める必要があり、その考え方をいまも変えるつもりはない。だが、常に警戒を怠ってはいけないのは当然である。

そうしたなかで、二重国籍で日本の文化に愛着を示したこともなく、過去の言動からいって国益への忠誠など期待できるか心もとない華人が日本の首相となる可能性があることが国家的危機でなくて何なのか。

２０１１年8月、総理補佐官のときに北京で行われたフォーラムに参加した蓮舫は、《「私たちの歴史の中で中国を侵略し、あのつらい侵略戦争があった。（中略）時として閣僚や発言力を持った人たちが、中国の人民の気持ちを傷つける発言をしてしまうことがある」／「日本の教育、近現代史において、日中の戦争の結果、その詳細を本当に我が国の子どもたちが学んでいるか」》（週刊新潮２０１１年9月15日号より）と発言し中国側を喜ばせているが、このあたりは自分が華人であればなおさら、本来は発言を慎重にするべき場面である。

李香蘭や川島芳子の時代に活躍した蓮舫の祖母

蓮舫の祖母は陳杏村《ちんきょうそん》という人で、日華事変が起きた1937年から上海で煙草利権を手に入れて、謎の女実業家として活躍した。李香蘭や川島芳子の時代の人だ。

陳杏村は日本軍に協力した「漢奸《かんかん》」として訴追されるが無罪になる。のちに「蔣介石と対立して大陸に亡命したこともあった」と蓮舫自身が証言している。その後、台湾に帰ってバナナの貿易利権を手に入れて政商として君臨し、息子の謝哲信《しゃてつしん》を日本に送り込んだ。謝哲信はホテルニュージャパンに住み、ポケットに何百万円も入れて銀座で豪遊。そこで斉藤桂子と結婚した。

蓮舫の祖母と父は、バナナの輸入利権に関して政界関係者に不明朗な利益供与をしたとして、国会での追及の対象となった。

この頃の国籍法では、子供たちは父親の姓を名乗ることになっていたので、謝蓮舫という名前だった。その蓮舫が高校2年生で17歳のとき、日本の国籍法が改正になった。母親の国籍である日本国籍を申請すれば取得できることになり、22歳までにどちらか選ぶことができたので、1985年1月21日に、法務局で国籍取得手続きを行った。

そして、大学生時代から本格的なタレント活動を始めた蓮舫は、「（日本の）赤いパスポートになるのがいやで、寂しかった」「在日の中国国籍の者としてアジアからの視点にこだわりたい」などと朝日新聞のインタビューで述べている。

こういう記事が出ているのだから、朝日系メディアは法的義務を履行していない二重国籍者である事実を知っていて起用していたし、その後、国会議員となるときにも何も言わなかったのはいかがなものかと思う。

ところで、しばしば「帰化」といわれるが、蓮舫の場合は厳密な法律用語では「国籍取得」である。帰化は外国籍の者がそれを放棄して、日本国籍を取得することだ。それに対して、蓮舫のように外国籍であった者が法律改正によって日本国籍を取り、一時的にだが合法的な二重国籍者となることを「国籍取得」という。また、その合法的な二重国籍者がもう片方の国籍を放棄して日本籍だけになることを「国籍選択」という。

ただし、普通には、外国籍の人が日本籍になることを広く捉えて「帰化」という。蓮舫もずっとそのように使っていた。現在、生まれてくる日本と台湾のハーフは生まれながらにして日本国籍があるから、この場合は国籍選択をしても帰化というのは変だ。しかし、蓮舫の場合は間違いなく17歳まで台湾人で、それが日本人になったら、やはり「帰化」という言葉を使うのは不都合ではない。

問題発覚のあと、「帰化でなく国籍取得です」と言うようになったが、少なくとも自分でも「帰化」という言葉を使っていたのだから、他人が「帰化」という言葉を使ったとき、非難がましく言うのはおかしい。

いずれにせよ、１９６７年11月28日に生まれた中華民国の国民であり、日本では外国人として「中国」の国籍を持っているとされていた蓮舫は、１９８５年１月21日に日本国籍を取得することによって合法的な二重国籍者となった。

結論から言えば、そのまま31年以上、放ったらかしにしていたのである。

蓮舫の二重国籍問題を私が指摘し始めた頃は、論理的には以下の３つの可能性があったわけだ。

①日本国籍選択と、台湾籍離脱をした
②日本国籍選択はしたが、台湾籍離脱はしていなかった
③日本国籍選択もしてない

当初、蓮舫は曖昧《あいまい》ながら①であるようなことを言っていたが、それは怪しいというので

②ではないかと追及していた。ところが、なんとあきれたことに③だったのである。
つまり、②であれば、日本人であることを選ぶ意思表明だけでもしたことになるが、③ということは、日本人であることを優先する何らの立場表明もない状態だったことになる。

まさに、コウモリ状態というわけだ。

蓮舫が二重国籍を知らなかったはずがない根拠

蓮舫は二重国籍状態を31年以上続けてきた。とくに、22歳となった1989年11月28日から約27年間は、国籍選択をしていない違法状態だったことになる。それについて、本人は「父親が17歳のときに放棄の手続きをしてくれていたと信じていた」と故人の責任にしているが、いかんせん無理である。

蓮舫が17歳の1985年1月21日、兄弟とともに日本国籍を獲得したときに父親が台湾籍離脱をするのは法的にも不可能である。さらに以下のような事情がある。
①父親の謝哲信は有能なビジネスマンであり、彼は日本国籍のメリットを丁寧に説明したと蓮舫自身が言っている。しかし、台湾籍離脱をしないことだけ説明しなかったとは考

えにくい。

②蓮舫は自分が二重国籍である、あるいは台湾籍（時によっては中国籍）を保持していることをたびたびマスコミに語っている。

③台湾籍離脱をしていないことに気づくチャンスは何度もあった。

①については、謝哲信は１９９４年に肝臓がんで死去しており、病気の性質上も突然死ではないから、もし台湾籍がそのままであることをそれまで言っていなかったとしたら、言い残すはずだ。

さらに蓮舫は父親と２人で日本国籍取得手続きをしたと言っているが、母親の経営する新宿五丁目のスナックの常連客が、《「帰化した時はママ（蓮舫の母親）が一緒に役所に行ったそうで、（どちらの国籍にするか）納得の上で決めたんだから悔しくて涙を流すわけがないと。／『泣くなんてそんなしおらしい姿、こっちが見たいくらいよ』って笑ってましたよ」》（週刊ポスト２０１６年７月８日号より）と証言している。

日本国籍取得の手続きであれば母親と行くのが自然だし、同時に日本国籍を取得した兄と弟が一緒でないのもまことにおかしな話だ。

②については、蓮舫は過去の発言が《「だった」という話をしたと思います。過去形

で。》（ハフィントンポスト2016年9月12日より）という具合に、「インタビューで過去形で言ったのが現在形で掲載された」、あるいは「ハーフであることがタレントとしてのウリだったから嘘を言っていた」という2つの弁解をしている（明確に嘘とは言っていないが実質的にはそういうことである）。

しかし、記事原稿は必ず事前に本人のチェックを受ける。また、一回くらいはうっかりそのままというのはあり得るが、たびたび間違いが掲載され、その後訂正もないのはあり得ない。そして、「ハーフタレントとしてのセールストークだった」と言うのは、高校生のときから煙草を吸っていたと自慢して何度も話していたのを、問題にされたらとたんに吸っていなかったと言い張るようなものだ。蓮舫が「嘘をついていたと私が言っているのに、そんなはずはないと言うなら、証拠を示してよ」と言わんばかりに開き直るのは非常識だ。

③については、現在の戸籍謄本にも国籍選択をしていればその旨が記載されているわけだから、国籍選択をしていなかったことはわかっていたはずだ。百歩譲ってそのことを知らなかったとしても、私が二重国籍疑惑を指摘した段階で弁護士などに相談すれば、台湾当局に問い合わせをするまでもなく、国籍選択をしていなかったことが戸籍謄本を見ただ

けで瞬時に判明しただろう。

さらに、蓮舫は大資産家だった父親が死んだときの相続手続きのなかで、自分の名前も残っているはずの父親の台湾の戸籍を見ていないはずがない。

二重国籍だと私が閃いた瞬間

蓮舫の二重国籍問題の存在に私が気づいた経緯について紹介しよう。第6章で詳しく書くが、私は1980年から2年間、フランス国立行政学院（ENA）に留学し、フランスの官僚としての訓練を受け、1990年から3年間は、パリJETROの産業調査員というポストでヨーロッパの政治経済の情勢を調査していた。個人的にもパリで長男が生まれている。そのため、ヨーロッパにおける二重国籍問題や外国系の政治家の活躍ぶりにはかなり精通していたし、関心を持って継続的に追っかけてきた。

フランスでは外国出身者や移民の子が政治的要職に就いていたが、彼らはフランスへの愛着と忠誠を昔からこの地に住んでいる人以上にアピールしてこそ受け入れられている。だから日本社会の排他性は改善しつつ、私は外国系の人々、とくに政治家の日本人としての国民意識の向上を1980年頃から三十数年にわたって求めてきた。

私は蓮舫が民進党代表選挙に出馬したときに、日本の政治家として必要な日本国家に対する忠誠心、日本の文化や社会に対する愛着を彼女に感じなかった。いくら芸名だったとはいえ、政治家が華人としてのファーストネームだけを使うのは、鈴木一朗がイチローになっているみたいなもので、「せめて現在の本名であるはずの『村田蓮舫』にしたら」といった主張を自分のフェイスブックやアゴラで展開していた。

これが好評だったので、夕刊フジで8月下旬、蓮舫について書くことになる。念のため、夕刊フジ編集局から国籍や氏名の推移などの事実関係について蓮舫事務所に確認を求めたら回答がすぐ来ず、何か困惑している雰囲気が感じられた。

そこで、「もしや二重国籍？」と閃いたので、夕刊フジ編集局に二重国籍の可能性も含めて質問してもらった。すると、ますます緊迫した慌てぶりなので、意を決して、その可能性を指摘して書いたら大騒ぎになったのである。

ここからの経緯をざっと振り返ると、左ページの図表のようになる。

この過程で、アゴラでは編集長の新田哲史氏が全面的に協力してくれて、途中からは主宰者の池田信夫氏も独自の調査をして記事を投稿し始めた。また、夕刊フジ、産経新聞も

8月11日	アゴラで問題の存在について指摘する
8月24日	夕刊フジが蓮舫事務所に事実関係を問い合わせる
8月27日	蓮舫事務所の曖昧な返答に「二重国籍に違いない」と閃く
8月29日	夕刊フジとアゴラで二重国籍疑惑を指摘
9月1日	産経新聞記者によるインタビューに「質問の意味がわからない」
9月3日	『ウェークアップ！ぷらす』に蓮舫が出演し疑惑を否定。アゴラで池田信夫氏も戦列に加わる
9月5日	蓮舫事務所が台湾籍離脱時期について「現在確認中」とする
9月6日	「台湾籍離脱の確認が取れない」と記者会見で認める。台湾代表処に離脱届を提出（旅券も返却したとのちに判明）
9月7日	二重国籍疑惑を改めて否定。法律上は問題ないとの認識を示す
9月8日	Facebookで「私は日本人です」と再度台湾籍の放棄をアピール。だが、97年の雑誌インタビューで「私は台湾籍」と発言していることが判明
9月9日	Yahoo! のインタビューで詳細な説明をするが多数の疑問が生じる
9月11日	「二重国籍疑惑はない」と再び主張
9月12日	台湾代表処より台湾籍が残っていたことの通知
9月13日	台湾籍が残っていたことを記者会見で陳謝。BuzzFeedのインタビューで台湾旅券を6日に返還したことを認める
9月15日	法務省見解の訂正をマスコミが報じる。民進党代表に当選
9月23日	台湾から国籍喪失証明が届き、区役所に届け出。国籍選択をしていない疑い
9月29日	アゴラ編集部が「第一次公開質問状」を出す
10月3日	衆院予算委員会で下地＆足立議員が質問
10月7日	国籍選択宣言をこの日に区役所でしたと話す
10月15日	最近まで国籍選択をしていなかったことを明らかにする
10月19日	アゴラ編集部が「第二次公開質問状」を出す
10月30日	二重国籍が解消されたか依然として不明

取材や記事の掲載を行った。そうした攻勢に耐えきれず、9月6日には蓮舫事務所の職員が、まだ戸籍が残っているときのためにと説明して、国籍離脱届を台湾の代表処に提出した。

ネットメディアのバズフィードのインタビューで、蓮舫は《「台湾の籍を抜くときに、提出書類に台湾のパスポートが必要とありました。〔中略〕家の中をひっくり返すように探して、やっとでてきました」》（2016年9月13日より）と答えているが、いったい、いつのものだったか知りたいところだ。

蓮舫は、台湾のパスポートを使ったことはないし、その権利を行使したことも、父親から遺産を台湾で相続したこともないと言っているが、もしかすると、今後さらに深刻な事実の証拠や証言が出てくることもありうる。

ここまで虚偽の発言を繰り返し、また、書類を出さないのは、よほど知られたくない別の何かがあると疑われても仕方ない。

第2章　そもそも「二重国籍」問題とは何か

「二重国籍」問題早わかりQ&A

蓮舫の問題をきっかけに、二重国籍（3か国以上もあるので厳密には多重国籍）に対する世間の関心が高まったのは怪我の功名だった。

とくに、現在の日本の国籍法が、原則は非常に厳しく二重国籍を否定しながら実際の取り締まりが緩やかで、真面目な人には窮屈で、逆に図々しい人はやり得になっている現状を整理するいい機会になりそうだ。

そこで、国籍や二重国籍についての基本的な考え方を明らかにしておきたい。まずは、より基本的な知識について、20の一問一答を読んでほしい。

Q　国籍とは何なのでしょうか？

A　国民とは、その国の国籍を持つ構成員であることを意味し、権利も義務も発生します。

かつては住民と十分に区別されていませんでしたが、近代国家の成立に伴って、国民の概念が形成されてきました。権利としては、参政権、国内居住権、海外において保護を求める権利などがあり、義務としては、納税義務や兵役義務、国益に反した行為をしないことなどがあります。

Q　国籍はどのようにして決まりますか？

A　各国は主権を有し、国民の範囲を決めることができます。大ざっぱには「血統主義」と「出生地主義」があります。血統主義は、ヨーロッパやアジアのたいていの国で採用されています。出生地主義は、主にアメリカ大陸で適用されています。ただし、現実にはミックスしている国が多くなっています。

Q　父系血統主義は日本独特の考え方だったのですか？

A　夫や父親を基準に権利義務や国籍を決める考え方は、近代私法の原点である「ナポレオン法典」で採用されており、世界普遍の考え方でした。参政権でもそうですが、男性優位が日本独特の家父長主義に基づいているとか日本がとりわけ遅れているなどというのは誤りです。ただ、男女平等が徹底されるにつれて、国籍も父母とも同じように見ようという流れになりました。日本も少し遅れ気味ですが、それに追随しました。

Q　日本ではいつ、母親が日本人であれば国籍が与えられるようになりましたか？

A　「女性差別撤廃条約」に日本は１９８０年に署名しましたが、この第9条2項で「子の国籍に関し、女子に対して男子と同等の権利を与える」とされています。そこで、１９８４年5月25日に国籍法が改正され、１９８５年1月1日から施行されました。このことによって、父親の外国籍だけ持っていた人も日本国籍を申請して取得できたのです。

Q　二重国籍はどうして生じるのでしょうか？

A　各国の国籍の取得や喪失についての制度は統一されていませんし、それが抵触した場合に調整する条約も限定的にしかありません。そのため、どうしても二重国籍も無国籍も生じてしまいます。

Q　日本人の二重国籍者はどういうケースがあるのでしょうか？

A　①両親が日本人でもアメリカのような出生地主義の国で生まれるとその国の国籍が生

じるが、留保手続きを3か月以内にすると日本の国籍も生じる
②父母の片方が日本人でもう片方の国も子に国籍を与えた場合
③外国人と結婚すると配偶者の国から国籍を与えられることがある
④外国人から認知を受けてその国の国籍を取得した場合
⑤外国に帰化すると日本国籍を失うが、外国がその子にも国籍を与えた場合

Q　国籍選択とは何ですか?

A　前記のような事情で合法的に一時的な二重国籍となった人は、原則22歳までに国籍選択をすることが法律で義務とされています。もしこれをしないと催告を受け、国籍を剝奪《はくだつ》されることもあります。

Q　国籍選択はどうしたらできますか?

A　①外国籍喪失届と、②国籍選択宣言の2種類あります。法務省では原則は①で、外国籍離脱が困難な場合のみ②でもよいとしていますが、その方針は市区町村の窓口によって徹底していないのが実情です。

Q　国籍選択宣言をしたのち、他国籍離脱に努めるとはどういうことですか？

A　法務省は「不可能な場合以外はしなくてはならないとまでは言わないが、できればしてくださいというような軽いものではない」としています。

Q　二重国籍のままにしておくことは違法なのでしょうか？

A　国籍選択は義務であり、国籍選択後の離脱は努力義務です。不可能な事情があれば仕方ないですが、法的義務に反した状態です。「違法」という表現が適切かどうかは法律用語としては微妙で、法務省の使い方を見ると、国籍選択をしないことは違法状態としているようです。国籍離脱については、違法か違法でないかという表現になじまないのであって、違法と言わない場合も、「違法でないとも言えない」としています。

Q　二重国籍の権利義務はどうなりますか？　困ることは何ですか？

A　基本的には権利も義務も二重に生じます。両方の国で参政権があり、出入りが自由で、外国で保護を求められます。また、納税も兵役も両方から要求されるし、どちらかの国で禁止されていることはできません。本人はそれは承知のはずですが、国の立場からは2つの国の要求するところが衝突すると困ったことになり、解決のルールがはっきりしないことが多いのです。

Q　二重国籍は、国際的には肯定的に認められているのでしょうか？

A　それを好ましいと捉えている国はなく、必要悪として認められていることがあるだけです。アメリカは広く認めている国ですが、それでもアメリカ大使館のホームページには「米国政府は二重国籍の存在を認め、アメリカ人が他の国籍を持つ事を認めてはいますが、その事が原因となって問題が生じることがあるので、方針としては二重国籍を支持していません。二重国籍を持つアメリカ人に対してアメリカ国民としての義務を要求する場合に、それがもう一方の国の法律に反するような状況に陥ることもあるからです」とあります。国務省では「支持しない」としています。

Q　日本は二重国籍に厳しいのでしょうか？

A　欧米に比べると原則は厳しくなっています。これは、アジアでは二重国籍が一般的でなかったことと、移住や国際結婚が盛んでなかったことによります。また、禁止が原則なのに徹底していないので、かえって必要な権利の制限などがされておらず、真面目な人には窮屈で、図々しい人はやり得という現実もあります。非常に面倒だとか仕事上で不便があるなどでも律儀に離脱している人もいれば、すぐできるのに面倒だ、親が反対する、いいとこ取りをしたい、二重国籍だと自慢したいといったやむを得ないわけでもない理由で放置している人もいます。とくに、帰化の場合には離脱が絶対条件であることと比べてアンバランスです。

Q　ほかのアジア諸国はどのようになっていますか?

A　中国のように二重国籍だと国籍剝奪という国もありますが、日本もどちらかと言えば厳しいほうです。台湾は国民の数を増やしたいという意図で緩くなっています。韓国は厳禁していたのですが、人材確保のために少し緩くしました。なお、中国や韓国では幹部の子弟が外国の国籍や永住権を取ることにも極めて否定的です。

Q　国籍についての基本的原則とは何ですか?

A　「人は必ず唯一の国籍を持つべき」とする①国籍単一の原則と、「本人の意思に反して国籍を強制してはならない（離脱の自由を含む）」という②国籍自由の原則が二大原則です。

Q　二重国籍を認めるのが世界の潮流ですか？

A　もともと二重国籍は容認されていたのですが、第一次世界大戦でいろいろ面倒なことが起きたので、1930年に「ハーグ条約」（国籍法抵触条約）が結ばれて規制が強化されました。しかし、男女平等の推進、国際結婚や外国での就労の増加によって徹底できなくなり、緩和の傾向が1990年代にヨーロッパを中心にありました。現在は、移民や難民の増加、脱税、テロ防止などの観点から、厳しく規制する流れが強くなっています。

Q　二重国籍がゆえに重複課税されることはありますか？

A　同一の所得や同一の遺産に課税されることはあり得ます。外国税額控除によって調整されることが多いですが、外税控除の制度のない国もあり、あっても外税控除には

「枠」があります。日米でも、相続税に国籍条項が入って二重課税のリスクは高いものです。基本的には両国から全世界の遺産を合算した上で課税を受けます。

Q　二重国籍だと外国で兵役義務が生じますか？

A　近代国家においては、兵役は国民としての基本的な義務の一つです。最近は軍事技術の高度化で兵役を停止する国が増えましたが、現在兵役がない国や外国居住者に免除している国でも突然要求されることはあります。とくに旅行で入国してそのまま兵営に連れていかれても文句は言えません。

Q　日米二重国籍の人が多いのはなぜでしょうか？

A　アメリカが出生地主義を採っているので、日本人同士の夫婦でもアメリカで出産したら子はアメリカ国籍がもらえるからです。また、アメリカの就労ビザ、入国ビザは取りにくいことが多く、日本国籍を選択してもアメリカ国籍を放棄しないですませることは本人にとっては得です。

Q　二重国籍を認めてあげないと気の毒なケースは？

A　たとえば、結婚や就職によってどちらの国籍が有利か決めがたいときや、親の介護の必要が生じたときは、二重国籍のほうが有利ともいえます。しかし、それは国籍選択の対象者に限らないわけですから、それを認めることは公平に反するともいえます。

厳密には「多重国籍」問題と言うべきだが

昔のヨーロッパで国籍は、王様が与える葵の御紋の印籠のようなものだったので、たくさんの国の国籍を使い分ける人も多かった。ところが第一次世界大戦で、たとえば仏独二重国籍の人が両方の国から兵役に就くのを求められたことから、整理する必要が出てきた。その結果、ハーグ条約が結ばれるなど、「国籍唯一の原則」が基本になったのだ。

しかし、二重国籍を厳しく規制しすぎると、いろいろな問題が出てくる。とくに問題なのは、どこの国からも国籍を与えてもらえない無国籍者が生じることだ。また、本人の意に反した国籍を押しつけられて、家族の分断や著しい経済的不利益をもたらすこともある。

そこで、採るべき基本的なポジションは、以下のようなところだと思う。

①二重国籍はそれ自体、あまり好ましくないものであり、それが生じる原因になっている各国バラバラの制度を統一ないし共通化する努力をすべきだ。また、外国人でもその国での活動について著しい不利益を受けないようなルール作りを、条約やTPPも含めた経済連携協定を通じて進めることが望まれる。

②無国籍者が典型だが、隙間に入って気の毒なことになる人がいたら救済しなければならない。日本は国籍離脱の自由を認めているが、それが非常に難しい国もある（ブラジルは原則として離脱できない）。そういう場合に日本への帰化、国籍選択を認めないのは酷である。

③過渡的には、これまでの緩い運用を前提に、生活設計をしてきた人にある程度配慮することもあり得る。ただし、法的義務を誠実に履行してきた人を後悔させない程度でなければならない。

④基本的には二重国籍であることによって、個人的にいいとこ取りをしようというのは虫が良すぎる。日米二重国籍で、日米どちらでも選挙権を行使するのは公共の利益に反する。また、日米どちらでもビザを取らずに働けるのも微妙だ。本来は国籍でなく永住権で処理すべき問題だろう。権利は2人分、義務は1人分、しかもいいとこ取りというの

は論外だ。

⑤二重国籍を認めることが国の利益になる場合もないわけではない。たとえば、オリンピックでメダルを取るために二重国籍にして戦力を補強する場合がわかりやすい。これは、世界全体で考えれば感心しない抜け駆けにすぎないが、各国にとっては規制されない限りは合理性がある。また、優れた研究者やビジネスマン、文化人などですでに日米両国籍を持っている場合、その自由な活動が日本の国益に適うから目をつぶっておこうという考えもあろう。ただ、二重国籍でない人との不公平感は否めない。

柔軟化の流れと厳格化の必要が交錯している

1980年代からの状況を見ると、地域統合やグローバリゼーション、人権概念の拡張の流れに乗った柔軟化と、そうしたものから生じる矛盾の深刻化に伴う規制の強化という2つの流れが交錯している。

蓮舫が日本国籍を取れることになったのは、男女平等の流れを受けた1985年実施の法改正（家父長的な日本の制度を改革したものと言う人がいるが、それは改正運動をしていた人の主観的動機にすぎず、法改正の趣旨というのは不適切）で、国際的な流れに沿って父親の国籍で決めていたのを、いったん二重国籍にして22歳までに選択するようにしたからだ。

そして、国や個人によって事情がさまざまだろうからと、選択手続きや相手国国籍からの離脱義務の履行を本人に任せたことから、真面目な人には窮屈、図々しい人はやり得になってしまったのが、蓮舫の問題の背景にある。

一方、ヨーロッパでは欧州統合の進展に伴って移動が自由になったり、離婚の増加に対応しきれなくなったりしたため、1997年に「国籍に関するヨーロッパ条約」が結ばれた。「婚姻および婚姻の解消ならびに婚姻中の一方配偶者による国籍変更は、いずれも他方配偶者の国籍について当然には効力を及ぼさない」とされ、また、二重国籍で一番厄介な兵役の問題についての調整が定められた。

ただ、これについては、ヨーロッパ市民権のようなものへ移行していく過渡期の対応という面があると思う。就労などのために自由に移動し働くことができるなら、各国の国籍というものも徐々に解消していくべきである。その過渡的なあり方として、域内での自由な活動の支障にならないように、必要なら二重国籍など多重国籍を認めていいという雰囲気があった。しかし、もはやそれは能天気すぎたのは明らかだ。

ヨーロッパでは、EU内外の経済開発が遅れた地域からの移民の増加、難民の大量発生、テロの横行というなかで、社会保障制度の崩壊、危険人物の監視、税金逃れの温床となる二重国籍者への風当たりが強くなった。1990年代から部分的に始まった国籍付与の厳格化や剝奪が、最近のテロの横行でますます強化されている。

たとえば、私の長男は1990年にパリで生まれているが、この段階では、望めばフランス国籍を取ることも可能だった。ただ、そうすると当時は兵役義務が生じたので、男の子の場合は取得しないことが普通だった。

しかし、女の子の場合はそのままにしておくことが多かった。「日本の法律ではダメということになっているのですが、うるさく言われることはいまのところないようなので、可能性を広げるためにそうしています。将来、日本政府が取り締まりを強化したら、そのときはどちらか選ばなければならなくなりますが……」と言う人によく会った。

フランスでも、外国人の国籍取得の要件はよく変更されたので、日本政府の政策変更があっても仕方ないとみんな覚悟していたから、今後、日本が法適用を厳しくしても非常識ということはないと思う。

しかし、1993年に移民の増加に対処するために「パスクワ法」ができて、16歳までに5年間以上居住しないと国籍請求権が生じないことになったので、悩む余地がなくなった。

したがって私の長男は、フランス国籍は持っていない。もちろん将来、政策変更や欧州市民権への移行に伴って、権利が復活する可能性は皆無ではない。

最近の動きとしては、極右・極左の反EU勢力だけでなく、中道派や穏健右派・左派にも、欧州統合の流れを維持するために合理的な規制はやむなしという考え方が定着している。私は欧州統合推進派だが、治安維持への配慮が欠けていたとやはり思う。

二重国籍の容認は多国籍企業の横暴を助長する

多国籍企業批判ともこれはつながった動きだ。私は1970年代後半に、その頃問題になっていた多国籍企業の規制を通商産業省で担当していた。その後の新自由主義の時代にあっては、各国が減税競争をして企業を誘致するのが良いことのような風潮があった。

その結果、グーグルやアマゾン、アップルなどが極少の税金しか払わないことになり、また、タックスヘイブンの横行で富裕層の節税・脱税も横行して、社会格差拡大の主因になった。そしてここ数年、非常な勢いで徴税強化などが図られている。

日本でも、海外逃避による税金逃れや、二重国籍を利用して得することがトレンディーで賢いと言われるようになってきたが、ヨーロッパなどが反省期に入っているのに、周回遅れの容認論が世界の流れだと誤解されている。

「二重国籍のどこが悪い」「国際化の時代にふさわしいのではないか」という意見が今回も多かったのはその表れであって、とんでもない話だ。とくに、本来はブラックな社会に反対であるはずの左派的な人がこの動きに同調するのは、意に沿わない政府の権限を強化することは何でも反対というだけのことであって、論理や倫理のかけらもない。

私は、日本の左派はしばしばブラックな勢力に利用されていると思う。高い消費税や厳しいマイナンバーなどの国民番号制度は、世界的な常識としては保守勢力が躊躇《ちゅうちょ》し、左派が推進することが多い政策だ。北欧諸国など、その典型だ。

天木直人・元レバノン大使も、《大使として赴任したレバノンでは重国籍の人は珍しくありませんでした。内戦が激しく、欧米などに脱出し別の国籍も得て、複数のパスポートを使い分けてビジネスをする人たちがいました。いちいちビザを取る必要はなく、国を自由に移動でき、便利です。それだけにスパイとして利用されやすい一面もあります。政府も国民も、誰を信じていいのか分からなくなる。そんなことが起きていました》（朝日新聞2016年10月28日より）と述べている。

それから、今回の問題によって、二重国籍の人やそれが身内にいる人、国際結婚をしている人の間でパニックのような現象も起きている。そのなかには、慰安婦問題と同じ構図で、反日的宣伝によってありもしないことを信じさせられた人も多い。

日本では二重国籍を口実にハーフの政治家を排撃しているレイシストが勢いを増しているという噂を聞いて、日本に帰りたくないとか、日本国籍を選択したくないなどの人がいるそうだ。しかし、日本は異常なくらいハーフが好きな国だと思う。社会的に活躍しているハーフは人口比よりよほど多いだろう。

馬鹿らしいことだが、反日主義者のデマに踊らされて、日本を捨てて人生を誤る人が出たら、反日デマゴーグの責任だ。

私など、およそ国粋主義者ではない。移民増加も賢くやれば賛成だ。外国人地方参政権も現状では難しいが、条件さえ満たされれば将来はあってよいと思う。日本文化の形成についても、たとえば「和魂洋才」などにこだわらず、「脱亜入欧」を徹底したからこそ明治の日本は成功したというのが私の歴史観だ。

ただ、むしろこれから、日本が世界に門戸を開いて第三の開国をしていくなら、移民を受け入れてきたヨーロッパ諸国などの経験や反省を積極的に採り入れていくことが必要だと思う。

ヨーロッパでも移民の受け入れを否定しないまでも、だいたいの政治勢力が「郷に入っては郷に従え」ということをそれぞれの仕方で要求している。

ドイツは移民のドイツ化に熱心であるし、フランスも「ブルカ論争」(イスラム風に女性が顔を隠すなどのフランスでは学校・病院といった公共の場での着用は問題があるとされる服装について、信教の自由を理由に許すかどうか)に見られるようにイスラム社会の論理をそのまま持ち込むようなことは許さない。その先頭に立っているのは、むしろ左派勢力である。

また、ヨーロッパで対外開放が可能なのは、国民も身分証明書の携帯が義務であり、携帯していないと著しい不便が生じる体制ゆえである。対外開放体制は、必然的に国内的治安維持体制の強化を伴わねばならないのである。

日本は運用で甘いところがあって、未成年者を別にすると、大多数のケースは温情である。「アメリカでビジネスをするのに国籍があったほうが便利」「片方の両親が悲しむ」「将来の留学や仕事に備えて可能性を残したい」などである。片方の親が悲しむというのは、人生のあらゆる局面であるわけで、理由にならない。

二重国籍の人で、それを自慢している人もいるが、あまり感心する話でないし、思わぬ落とし穴にはまることもあり得る。

たとえば、行使が制限されているのに無頓着だと処罰されたり、徴兵制が停止されていても国際情勢が変化したら復活して、旅行で入国したとたんに兵営行きになったりすることもあるのだ。

国家にとって兵役は、常に潜在的にある可能性だ。現在それが廃止されたり、停止されたりした国でも、いつ復活するかはわからない。最近もスウェーデンで徴兵制が復活し、しかも女性にも課することにしたが、それは特殊な動きでなく、フランスやドイツでも議論されていることだ。韓国は、いまは在日コリアンには兵役を要求してないが、これも半島情勢によっては、義務化するかもしれない。

政治家・蓮舫の何が問題なのか

この問題を論じていると、「蓮舫氏の『二重国籍』のそもそも何が問題なのか?」「単なる手続きミスではないか？」と言う人がいる。

二重国籍の問題点はすでに書いた通りだが、政治家としての蓮舫に即して言えば、こういうことだと思う。
①二重国籍は日本では違法である。ケースによってはやむを得ない事情もあるので厳しいチェックをしていないが、蓮舫に特別な事情もない。
②蓮舫は二重国籍を隠していた。故意か重大な過失であって、うっかりではない。また、国籍の管理もできないことは政治家として失格だ。
③二重国籍を認めている国でも、好意的には扱わない国が多いし、それを公表し国家に対する忠誠に問題ないか厳しく問うものだ。
④日本の公職選挙法で二重国籍者の立候補を制限していないのは、積極的に肯定しているというより、蓮舫のようなケースを想定していなかったというほうが妥当だ。
そもそも、国籍や出自で外国に関する部分が秘密など欧米ではあり得ない。

また、アメリカの大統領選挙でも、ドナルド・トランプと共和党予備選挙で争ったテッド・クルーズ上院議員がカナダとの二重国籍であることを隠していたことがわかって、大いに不利な状況になった（両親がカナダとの二重国籍をアメリカに帰国時に放棄したが、息子の分はなぜか放置していた特殊なケースなので、知らなかったというのに一理はあった。ただ、無実を立証できず）。

繰り返すが、二重国籍や広い意味での帰化人が政治家になることは、それを規制することも、それゆえに、彼らに特別に忠誠を求めることも、世界の常識である。それをもって人種差別だとか日本は遅れているなどと言う人こそが、国際的常識が欠如しているのである。

もちろんそれは、そういうことに寛容であれという意見があってもよいわけで、互いに相手の意見を封殺しようなどというのは、愚かなことである。

それから、蓮舫については、中華民国籍であるがゆえの特殊な事情がいろいろあった。これについては蓮舫の二重国籍問題を論じるにあたっては重要な論点ではない（第8章参照）。たとえ日本政府が国家として承認していなくとも、中華民国は台湾地域において現実に国家に近い実態がある。国際的にもそこそこ認知されており、そこに権利義務が発生している。だから、台湾との二重国籍に伴って起きる問題は、まったく他の国家と変わるものではないのだ。

一般人についてどうすべきかと言えば、これまでのように原則禁止を決めながら、取り締まりは緩くして、正直者には窮屈、図々しい人はやりたい放題という状況を解消すべきだ。その代わりに、①二重国籍の範囲を広げるが行使に枠をはめるか、②認めないが現実に気の毒な不便が生じないように措置するべきだ。

現実にはミックスするのだろうが、原則論としては②であるべきだ。そうでないと、これまで法律に則って二重国籍状態から律儀に脱した人が馬鹿を見ることになり、モラルハザードをもたらす。また、帰化するときの条件として元の国籍を放棄した人とのバランスも悪い。

二重国籍者の公職からの排除と国籍法の改正

国籍法改正一般については、国会議員や公務員の二重国籍をどう規制するかは別問題であるし、国籍法改正に先行して措置すべき問題である。

日本維新の会は、秋の臨時国会に「公職選挙法の一部を改正する法律案（いわゆる蓮舫法案）」を提出した。

その詳細については、134ページで紹介するが、二重国籍の者はそれを解消しないと国会議員に立候補できない、帰化も含めた国籍の異動については、選挙公報に載せて国民の判断を仰ぐというのは妥当なことである。

もちろん、国籍離脱を許さないブラジルなどの問題もあるので、何らかの形で例外規定を設けることは必要かもしれない。あるいは、当選したら1年以内に外国国籍から離脱しなければ議席剝奪という方法も一考だし、その場合には、国会の決議でやむを得ない事情がある場合には猶予を認めてもよいと思う。

日本維新の会では、国会議員以外の国家公務員などについても、今後、検討を進めていくそうだが、これまでのままというわけにはいくまい。

そもそも、二重国籍は法的に許されていないのであり、国籍は公務員にとって大事な問題だからそのままで構わないわけではない。過去に遡《さかのぼ》って処罰するか、解雇しないまでも、そのまま放置しておくべきではない。

地方議員や地方公務員など、公的な立場にある者が法的に許されない状態を続けるべきではないともいえるし、国籍法全般の改正が行われる予定なら、その結論に沿ってという考え方もあると思う。

ただ、地方公務員には現在、外国籍の者も採用されているし、それを変更する必要はないと私は思うが、外国人の地方参政権を認めるかでも同じだが、国と地方の仕事が、外国籍の人が関わってもよいのかという観点から仕分けられていないことや、外国籍の人が関わるべきでない仕事から排除されていないこと、外国籍であることが明示されていないことなどに伴う問題がある。これらは、きちんと整理し直すべきだろう。

第3章

ドキュメント蓮舫事件
Part 1（2016年8月11日～9月12日）

「蓮舫さん　まさかの二重国籍疑惑」という形で、私が蓮舫参議院議員の二重国籍を糾弾《きゅうだん》したのは2016年8月29日、『夕刊フジ』と「アゴラ」でのことだ。それから私にとっても、疾風怒濤《しっぷうどとう》の日々が続いている。

ただし、外国系の政治家や二重国籍についての私の関心は、36年前のフランスでの出来事に遡り、前々から論じてきた。もちろん都知事選挙で、蓮舫が有力候補に挙げられたときにも取り上げている。

民進党代表選挙への蓮舫の出馬が明らかになった頃、「台湾から帰化した蓮舫が首相になれる条件」という記事をアゴラに投稿したのが始まりだった。

ここからは、その経緯をドキュメンタリー風に追いかけてみたい。私がアゴラや自分のフェイスブックに投稿した記事は、言葉や内容を端折ったり、足したりしている箇所もあるが、その後違う事実関係などがわかったとしても、それはそのまま残している。

いずれにせよ、オリジナルの文章はそのままネット上で公開しているので、気になる方には検証が可能である。

どうして私たちは二重国籍に気づいたのか

〈8月11日〉アゴラで蓮舫の民進党代表としての資格を論じる

以下は私がアゴラに投稿した記事である。

民進党の代表選挙は蓮舫氏の独走状態のようだ。しかし、閉鎖的といわれる日本人が野党第一党の党首に台湾から帰化した女性を選び、有力な首相候補とするとはずいぶんと大胆なことだと思う。

半島系の政治家に対する厳しい風当たりと、華人の首相候補への警戒心がないという落差はあまりにも大きい。

また、帰化していない外国人に地方選挙の参政権を与えようという意見もあるが、世論の反対が強く、先般の東京都知事選挙では、鳥越俊太郎氏が10年たったら（北朝鮮国籍であってもなんでも）無条件に与えろと主張し、増田寛也氏はかつて岩手県知事時代に賛成していた経緯があるので、都道府県ごとに住民が賛成多数なら与えれば良いと言ったが、全面反対の小池百合子氏に圧倒的な支持が集まる原因の一つになった。

蓮舫氏の国籍については、本人から詳細な説明があったことはないが、1985年の国籍法の改定で、日本人が母であることから日本国籍を与えられ、22歳までにどちらかを選択することになった。

そして、蓮舫氏は日本国籍を選択し、斉藤蓮舫になったということだろうか（選択しなかったことがのちに判明）。このときに、中華民国籍を放棄する必要があるが、その旨を日本の役所に宣言すればよいので、その証拠を示す必要はなさそうで、二重国籍を維持していても日本の役所は把握できないはずだ。

なお、このときに、「父親から、日本国籍を取って日本人として生きろと言われた時が、人生で一番屈辱的な事だった」といったという噂が流れ、それを先般も自民党議員が引用したが、それは事実ではないようだ（よく似たことはインタビューで述べていたことがのちに判明）。

その後、蓮舫氏はフリージャーナリストの村田信之氏と結婚して、村田蓮舫が現在の本名のようだ。

しかし、国籍の経緯について、国会議員や国務大臣を経験しても、明確に説明することを求められないのは、日本もまことに不思議な国だ。また、日本国家に対する忠誠を誓ったり、尖閣問題のような両国間の問題について見解を厳しく問われないのも信じられない。さらに、北京への長期留学経験もあるのだから、中国政府との関係や両国間の問題についても同様だ。

このあと記事では、フランス、アメリカなどにおいて、外国系政治家は多いが国家に対する忠誠や愛着を求められるなど厳しい立場にあることや、在日コリアンの政治家について論じている（第6章参照）。

〈8月24日〉蓮舫事務所へ問い合わせするも曖昧な回答

8月11日以降、私はアゴラで蓮舫の国籍問題、中国風の名前へのこだわり、日本国家に対する忠誠度への疑問、それも含めたスキャンダルについて、民進党が身体検査なしに代表にしようとしているのは大きな疑問だといった記事を引き続き投稿している。そうしたところ、大きな反響があったので、夕刊フジから執筆依頼が来た。

記事についての本人への事前確認は、ネットメディアではそれほどしない。その代わりに、指摘があればすぐ修正できるし、本人による反論掲載が容易である。アゴラの記事についても、「蓮舫さん、反論があるならいつでも掲載しますよ」というポジションだった。たとえば、雑誌や新聞などでは、滅多に回収するわけにいかないし、修正記事も元と同じスペースを取ってということにはならないから、この対応の差は合理的だ。

したがって、夕刊フジではより慎重に、編集局から蓮舫事務所に国籍取得の経緯について私の記事の内容に異論はないか、確認を求めるために連絡すると、簡単に回答できるはずなのに引き延ばされた。私はそのやりとりの様子を聞いて、「何か重大なことを隠している。おそらくそれは、二重国籍状態でないか」と閃いた。

そこで、8月27日に、それまでの質問のほか台湾籍離脱の日付についての質問も加えて回答を催促したら、「蓮舫氏の母親に相談してみる」など、いささか不可解な反応だった。そこで、29日になって、夕刊フジで二重国籍の疑いもあるという記事を書くことに踏み切った（夕刊紙は日付が1日遅れなので30日に掲載）。

そして、その夜により詳しい解説をアゴラに投稿したのである。夕刊フジでは「蓮舫氏は『将来の宰相』として適格か　民進党は〝身体検査〟すべきではないか」という大人しいものだったが、アゴラでは「蓮舫さん　まさかの二重国籍疑惑」と強気に出た。正直なところ、27日の段階では五分五分くらいと思ったが、蓮舫事務所の反応を見て、７割くらいだと確信した。

ただ、それは①国籍選択をしなければならない22歳以降もそうだった、というのであって、②国会議員になってからもそうだったとか、③２０１６年の現在もそうだとかいうことは滅多にあるまい、などと思っていた。

当時、永田町周辺で議論すると①でも問題だが、②なら言語道断、③なら代表選立候補は当然に辞退すべきという意見が多かった。

〈8月29日〉夕刊フジとアゴラで「まさかの二重国籍疑惑」について書く

私が書いた夕刊フジの記事は以下の通りだ（２０１６年8月30日より）。

今回の代表選で不思議なのは、蓮舫氏が「将来の宰相」としてふさわしいのかという〝身体検査〟が、民進党内で行われた様子が伝わってこないことだ。政党がリーダー候補を担ぐ場合、問題や疑問をチェックして、本人に説明や是正措置を求めるのは常識である。

蓮舫氏には、台湾から来た華人貿易商の父と、日本人の母との間に東京で生まれたという、広い意味での「帰化人」としての特別の問題がある。

法務省によると、国籍選択宣言を届けるときに「中華民国国籍放棄の証明」は不要で、放棄手続きを指導されるだけだ。従って、違法な二重国籍がしばらく、あるいは現在まで続いている可能性がある。

蓮舫事務所は、夕刊フジ編集局の問い合わせに対し、「法律改正で二重国籍となったのではなく、日本国籍を取得しました」と返答している。

民進党は改めて、蓮舫氏の「国籍放棄の証明」を、放棄日も入った文書で、党員や国民に対して示す責任がある。

蓮舫氏は、政治家としての活動は、公文書以外はタレント時代の芸名でもある「蓮舫」で通している。つまり、中国流のファーストネームだけで、日本的な名前は避けているように感じる。子供の名前も中国風だ。

同じハーフでも、日本古来の名称「飛鳥」を名前にしている、リオデジャネイロ五輪陸上400メートルリレー銀メダリストのケンブリッジ飛鳥選手とは違う。

「台湾系だから親日的」という見方もあるが、蓮舫氏は北京大学漢語中心に留学している。

外交問題への立場や、日本文化への共感も不明瞭だ。

政治指導者にとって、何よりも大切なのは「国家への忠誠度」だが、私は不安を感じる。沖縄県・尖閣諸島などをめぐり、日本と中国が緊張状態になる可能性もあるときに、自衛隊最高指揮官にふさわしいのか。

どの国でも、生まれながらの国民でない人物を、政府のトップにするような物好きな国民はめったにない。米国では憲法で禁じているし、いまも改正の声はほとんどない。

米大統領選では、民主党の大統領候補、ヒラリー・クリントン元国務長官と、共和党の大統領候補、ドナルド・トランプ氏について、政策だけでなく、事業内容や個人的過去、家族の問題（＝国籍や思想信条を含めて）などについて、徹底的にチェックされている。

民進党は少なくとも、蓮舫氏の前述した疑問点や過去の職業活動、閣僚時代の醜聞などを明確にすべきだ。それをせずに代表にするのは無責任だし、問題が出てくれば党として責めを負わねばなるまい。「代表に当選してからチェックすればいい」なんて、愚かな議論はあり得ない。

東京都知事選で、ジャーナリストの鳥越俊太郎氏を担いだ失敗から何も学んでいないことになる。

私がアゴラに投稿した記事も、夕刊フジの記事とほぼ同趣旨のものだが、もう少し詳しく書いた。夕刊フジの記事になかった部分として、以下のような内容を含んでいた。

（二重国籍疑惑について）蓮舫事務所に確認など夕刊フジ編集局からしたのだが、十分な回答がなかったので、本日発売の8月30日付で掲載した。いつ、中華民国籍の放棄手続きがされたか証拠の文書とともに示されることを期待している。

今回、二重国籍でないという確認が取れなかったことには、私もいささか驚いている。年金問題では加入していない期間がごく短期間あるというだけで、政治家として不適格とされた。国籍問題は、年金問題などとは重大性が根本的に違うし、もし違法な状態があったことがあれば政治家としての資格はない。

また、どこかの国民であることは、権利はもちろんだが、当然義務もともなうわけで、日本国の利益以外に従うべきものがあることになるし、それは、日本国のように緩やかなものとは限らない。

まして、いま、日本は尖閣問題で中国や台湾と向かいあっている。そんなときに、自衛隊最高司令官がどっちの味方かはっきりしないのでは非常に困るのである。

さらに、村田蓮舫という本名があるのに、頑なまでに村田姓を使わず、子供さんも中国人らしい名前にしている。華人意識が非常に強い人であると感じる。

さらに、そんなことはないと信じたいが、「二重国籍かもしれない」という疑義について「そんなことは問題ではない」と思う日本人がいるとすれば、この厳しい国際政治のなかであまりにもお人好しだ。もちろん、ここで問題にしているのは、「違法な二重国籍だったら良くない」という点である。二重国籍を認めている国でのことなら問題は何もない。

〈8月30日〉米山隆一・現新潟県知事の参戦

私のフェイスブックにおけるタイムライン上の議論に、米山隆一・民進党新潟五区総支部長（現新潟県知事、医師、弁護士）は、早くから蓮舫擁護で参戦していた。

この頃は、蓮舫は国籍選択をしたようなことを繰り返し主張していた。結果的には嘘だったので、私も米山知事も無駄な議論をやっていたのであるが、こういうことだ。

国籍選択には①外国籍喪失証明の届け出と、②国籍選択宣言の2つの方法があるが、米山総支部長は以下のように断言したのである。

《法務省に確認しましたが、①と②は任意では選べず、国籍離脱制度がある国では、①しか選べない。台湾には国籍離脱制度があり、従って台湾との二重国籍者が日本国籍を選ぶ場合、①しか選択できない。国籍離脱制度が無い国があり、この場合は止むを得ないので②の宣言をもって代えている。とのことです。つまり法務省の現在の手続きが当時もそうであったという前提に立てば、蓮舫さんが日本国籍である以上、二重国籍ではありません。》

しかし、もし米山氏の言う通りだとしたら、日米二重国籍も存在するはずがないことになり、実情と違う。そこで、別の弁護士さんに問い合わせていただいたところ、どうもこういうことらしかった。

「法令の文言では①と②は自由に選択できる。しかし、二重国籍は認めていない趣旨から言って、できる限り①で行うべきだというポジションである。しかし、手続きを行うのは市町村の窓口なので、②でも認めていることもあるだろう。そして、ほとんどは②で行われているのが実情のようだ」

つまり、米山氏は、法務省の建前論を聞いて、すでに蓮舫は台湾籍の離脱をしたのだという誤った結論に達していたということだった。

このあとも米山総支部長は、積極的に蓮舫サイドの立場に立って議論を先回りして展開したが、そのお蔭で、蓮舫サイドの反論に対策を講じることができた。

また、米山氏はこの問題を私の投稿が大量すぎるという理由で非難したし、同様に、私や池田信夫氏に対して小林よしのり氏から「ストーカー的」という誹謗があったが、政治家への正当な批判者に使う言葉として不適切である。

自党の代表選で、総支部長として自分が支持している候補に二重国籍疑惑という深刻な問題があると指摘している者に対し投稿が多すぎるだとか、誰かから頼まれたのではないかなど、問題の本質と関係ないところで火の粉を振り払うより、真摯《しんし》に蓮舫サイドの対応の甘さを弁護士らしくチェックしておけば、代表選への立候補補辞退を勧めることになっただろうし、民進党の置かれているポジションは現在よりはるかに良いものになったはずだ。

私たちの二重国籍問題の追及を民進党に対する攻撃と言う人もいるが、もし、蓮舫が私たちの指摘と党内からの批判に応えて、代表選への立候補を辞退したり、投票で敗れたりしていたら、私たちは自浄能力があることを示したと称賛されたであろう民進党の恩人と言ってもらってよかったはずだ。

テレビで全面否定するもネットで嘘を指摘される

〈9月1日〉蓮舫、産経新聞記者の質問をはぐらかす

問題発覚後、最初の蓮舫の発言は、産経新聞記者のインタビューに対するものだった。民進党代表選挙の候補者に対するインタビューがもともと予定されていたので、受けざるを得なかった。このインタビューで、彼女は「意味がわからない」などと逃げに徹したことから、疑惑は決定的なものとなった。記事は以下の通り（産経ニュース2016年9月2日より）。

……

――出身の台湾と日本との「二重国籍」でないかとの報道がある。帰化していると思うが

蓮舫「帰化じゃなくて国籍取得です」

――過去の国籍を放棄し忘れているのではないかという指摘だ

蓮舫「ごめんなさい、それわかんない。それを読んでいないから」

――国籍法が改正されて、22歳までは日本国籍があるけども、そこで選択を迫られ、残った国籍は速やかに放棄しなければいけないという規定がある。それをしているかどうかという記事が出ている。首相を目指すのであれば、仮に台湾籍があるならば、ネックになると思うが

蓮舫「質問の意味がわからないけど、私は日本人です」

――台湾籍はないということでいいのか

蓮舫「すいません、質問の意味がわかりません」

〈９月３日〉「台湾とは国交がないから二重国籍にならない」？

以下は私がアゴラに投稿した記事である。

蓮舫の国籍問題について、「日本と台湾には国交がないので、そもそも中華民国籍というのは、国籍ではなく、したがって二重国籍にもならない」という議論が出てきた。この点について、ちょっと説明しておきたい。

「中華民国籍」については、世間では一般的に「台湾籍」と言われることが多い。しかし、厳密に言えば、日本の戸籍事務においては、中華民国籍は「中国」とされている。つまり、中華人民共和国籍であろうが中華民国籍であろうが、同じ「中国籍」である。

戸籍業務では長ったらしい国名を全部書くわけではないのだ。したがって、これを国籍ではないという議論は成り立たない。

また、日台間では、実質的な外交の窓口を日本側の交流協会、台湾側の亜東関係協会が担当しており、実質的な大使館・領事館機能を「台北駐日経済文化代表処」（旧「亜東関係協会東京弁事処」）などが行っている。同様の存在を持たない北朝鮮とはまったく違う扱いだ。

〈9月3日〉蓮舫、テレビ番組での質問の回答で墓穴

テレビでこの問題が初めて取り上げられたのは、読売テレビ『ウェークアップ！ぷらす』（2016年9月3日放送）に蓮舫が出演したときだった。この番組で、以下のようなやりとりがあった。

辛坊「結論によってはどうでもいい話だと思うんですが、一応、蓮舫さんうかがっておき

ます。週刊誌やネットで、二重国籍で台湾籍をお持ちなんじゃないかっていう話があります。これについては？」

蓮舫「今そういう噂が流布されるのは、本当に正直悲しいんです。／国連の女子差別撤廃条約を、日本が批准をして、唯一改正をしたのが……」

辛坊「いやもう、一言なんです！　一言『違う』と言うならそれだけの話ですから」

蓮舫「私は生まれたときから日本人です。／（台湾）籍抜いてます」

辛坊「いつですか」

蓮舫「高校3年の18歳で日本人を選びましたので」

辛坊「わかりました。これに関してはデマだということは、お伝えしておきたいと思います」

このやりとりに対して、私は以下の「辛坊氏だけが蓮舫問題を取り上げるものの間違ってデマと否定する早とちり!?」という記事をアゴラに投稿している。

蓮舫さんは①「生まれたときから日本人」といっているが、これは誰が考えても間違っている。生まれたときからずっと父の国籍である中華民国籍だったはずで、17歳のときに法律が改正されたときに日本国籍を二重国籍の一つとして獲得したはずだ。「心情的に日本人と言ったつもり」と言うかもしれないが、この応答でこういう答え方はない。

②「高校3年の18歳で日本人を選びましたので」（＝二重国籍ではない）といったのだが、日本国籍選択宣言だけでは中華民国籍は抜けない。好意的に解釈して、「そのあとすぐに離脱手続きをしたということかもしれない」と思った視聴者もいただろう。

ところが、中華民国の国籍離脱は、蓮舫さんの場合、20歳以降にしか可能ではなかったことがネットでの指摘でその夜のうちに明らかになった。

となると、「18歳で国籍選択宣言の手続きで日本国籍を選択したのち、とりあえずは違法だがやむを得ない二重国籍となり、20歳になったところで、中華民国内政部の許可を得て二重国籍を解消した」というのが最短の二重国籍解消の時期になる。

辛坊氏の「これに関してはデマだということは、お伝えしておきたいと思います」という発言は、専門知識が必要な問題だけにやむを得ない面はあるが、早とちりだったということになる（ここでは「18歳」と言っているが、「17歳」の誤りだったと蓮舫はのちに訂正することになる）。

なににせよ、蓮舫さんは、国籍離脱手続きをしたのであるから、正確な日時を明らかにし、それを証明する書類を公表しさえすれば、これらの疑念は晴れることになる（このとき、蓮舫擁護派からは過去に国籍を離脱したという証明など不可能であるという珍奇な主張が盛んにされた。しかしのちに、「国籍喪失証明書」というのが台湾にはあって、書類発行のための料金も決まっていることが画像とともにネットで公開された）。

また、離脱手続きがすんでいるとしても、その時期が手続きのために要する合理的な範囲内だったかもポイントになる（この頃は、蓮舫がすでに二重国籍を解消している可能性もあるかもしれないと思っていたから、過去に二重国籍状態であったとしたら現在は解消していても無罪放免でないと主張していた）。

この番組で辛坊氏が「これに関してはデマだということは、お伝えしておきたいと思います」と言ったのは、結果的に誤報だったことになる。蓮舫の一方的な言い分をそのまま真に受けて十分に根拠のある疑惑の指摘を「デマ」と決めつけたのは、軽率だった。もちろん、辛坊氏が本当に言いくるめられたのかどうかはわからない。テレビ番組のキャスターとして出演者を追い込みすぎるとその後の出演交渉がやりにくくなるので、手心を加えることはあるからだ。

しかし、視聴者に「デマだということは、お伝えしておきたい」という言葉を使う以上は責任がある。もちろん、デマを流したと誹謗された私が怒ってもいいはずだが、その後、詫びもない。とはいっても、私としては辛坊氏が上手に蓮舫の苦し紛れの弁明を引き出してくれたことは結果的に感謝しているのだが、ネット上では「辛坊は蓮舫の嘘に言いくるめられた」と非難囂々《ひなんごうごう》だった。

芸能番組などでよくある「離婚を考えているというのはデマなんですね」というパターンなのだが、政治問題についてそういう視聴者を惑わすテクニックが許されるとは思わない。

一方、この日、アゴラ主宰者の池田信夫氏が「『二重国籍』問題についての整理」と題する記事をアゴラに投稿した。日本を代表するブロガーの参入はまことに心強かった。

これ以降、池田氏は私とはまた違った観点から鋭い追及をしていくことになる。とくに池田氏が重視したのは「公職選挙法上の経歴詐称になるか」という観点である。9月5日には、アゴラに「国会議員の経歴詐称は公選法違反」という記事を投稿している。池田氏の、その後の私よりさらに過激な議論の展開については、以下のアドレスにまとめてリンクが貼られている（http://agora-web.jp/archives/author/ikeda_nobuo）。

〈9月5日〉産経新聞が本格報道を始める

大手新聞では産経新聞が本件について報道を始めた。そして、蓮舫自身も事実を認めることに踏み切るのでないかという憶測が永田町界隈を駆け巡った。

《民進党代表選（15日投開票）で深刻な問題が浮上している。出馬した蓮舫代表代行に、日本国籍と台湾籍とのいわゆる「二重国籍」でないかとの指摘があり、その疑問が完全に解消されないのだ。蓮舫氏は「台湾籍は抜いた」と説明しているが、その時期は不明確。首相を目指す政治家にとって、国籍は単なる個人の問題でなく、国家公務員を指揮する立場として資質の根幹に関わるだけに、明確な説明責任が求められる。〔中略〕

蓮舫氏の事務所は5日夜、台湾籍を抜いた時期について、産経新聞の取材に「現在確認中」と答えた。／蓮舫氏は「ガラスの天井を破る」として、女性初の首相を目指している。「国籍単一」の原則を持つ国のトップとして、外国籍を持つか否かは根源的な資質の問題だ。》（産経新聞 2016年9月6日より）

台湾籍が残っている可能性を認める

〈9月6日〉蓮舫、「台湾側に確認中」であることを表明

民進党代表選挙で前原誠司、玉木雄一郎両候補とともに全国遊説中の蓮舫は、香川県高松市での記者会見で二重国籍状態である可能性があることを認めた。

《民進党の蓮舫代表代行は6日、父親の出身地である台湾（中華民国）籍が残っている可能性があるとして、台湾籍を放棄する書類を台北駐日経済文化代表処（大使館に相当）に提出した。二重国籍かどうかについては、「台湾に確認を求めているが、まだ確認が取れていない」と説明した。

蓮舫氏によると、1985年に17歳で日本国籍を取得した際、父親に伴われて代表処へ出向き、台湾籍を放棄する手続きを取った。ただ、やりとりが台湾語だったため、詳細が分からなかった。国籍の照会に時間がかかっているため、6日に改めて手続きを取ったという。

蓮舫氏は3日のテレビ番組で「籍は抜いている。18歳で日本人を選んだ」と述べ、台湾との二重国籍を否定していた。》（時事通信 2016年9月6日より）

《「まず、私は日本人です。日本人であることに誇りを持って、わが国のために働きたいと3回の選挙で選ばれてここにいます。私の気持ちとしては、生まれ育った日本で、生まれたときから日本人という思いが強いのですが、手続きをとったのは、国連の女子差別撤廃条約を受けて、日本の国籍法が昭和60年の1月1日に改正施行された、その直後の1月21日に日本国籍を取得しました。併せて台湾籍の放棄を宣言しています。このことによって私は日本人となりました。これはもう私の中では動かない事実です。日本国籍を日本の法律のもとで選択していますので、台湾籍を持っていないというのを改めて申し上げます」

「31年前、あの、誕生日来る前だったので、17歳でした。高校を国籍取得の手続きで休みの届けを出したのをかろうじて覚えている。父から聞いたのは、未成年だったので父と一緒に東京にある台湾の代表処に行って、台湾籍放棄の手続きをしています」

「ただ、やりとりが台湾語だったものですから、私、台湾語が分かりませんので、どういう作業が行われたのか、ちょっと全く覚えていませんし、母も父に任せていました。母も日本語しか分かりませんから。私はそのうえにおいて台湾籍放棄の手続きをしたと、父を信じて今に至る」

「今日なんですけど、台湾の代表処に対しまして、台湾籍を放棄する書類をこれ提出しました」

「そのことによってしっかり、私は日本の法律の下で日本人です。改めて、今確認が取れていないものは確認とりますが、同時に、台湾籍を放棄する手続きをしました。いろいろとほんとにご心配をかけたことを申し訳なく思います。ただ私は日本人だということを改めて申し上げます」》（産経ニュース2016年9月6日より）

蓮舫の「生まれ育った日本で、生まれたときから日本人という思いが強いのです」という発言は、自分のアイデンティティが台湾や華人としてのほうにあると、いくつものインタビューなどで語っていることがのちに発見されて、嘲笑《ちょうしょう》のタネになった（111ページのコラム参照）。

また、「日本国籍を日本の法律のもとで選択しています」と言うのだから「国籍法でいう国籍選択をした」と誰もが思ったが、していなかったこともあとで明らかになる。

しかも、蓮舫は2010年刊行の『一番じゃなきゃダメですか？』（PHP新書）という自伝的な著書の中で、子供の頃に少し台湾語ができたことを書いている。また、すでにない国籍を改めて抜く手続きとはどういう手続きなのか。たとえ国籍離脱手続きができたとしても、即刻発効するとも思えなかった。

この会見は、疑義をさらに深める結果となった。夕方のニュースで民放各社も控えめながら報道し、ＮＨＫもようやく朝になって報道した。

そのうえで私も、フェイスブックに以下のことをコメントしている。

蓮舫さんの国籍問題がどうなるか分からないが、（少なくとも国会議員になったのちも）二重国籍だったとすれば、潔く代表選挙の立候補辞退、議員辞職することが蓮舫さんにとっても、民進党にとっても得策だと思う。そのうえで、蓮舫さんは次期総選挙で当選すれば最低限の禊《みそ》ぎを受けたことになる（禊ぎを受ければいいものではないが）。

〈９月８日〉岡田克也・民進党前代表の無責任な発言

民進党の岡田克也代表（当時）が、なんとも見当外れな発言を記者会見でした。彼は通商産業省の昭和51年組、私の１年後輩である。役所の後輩なので、政策などについて批判するべきはするが、後輩に対する思いやりは堅持してきたつもりだったので、この会見での言い方は非礼だったし、大いにファイトを掻き立てられた。しかし、何といっても問題は、問題のすり替えと後継者として推している候補者についての無責任さだった。

これは、鳥越俊太郎氏のときもそうだったが、幹部や候補者のスキャンダルについての民進党の他人事のような態度だ。とくに、鳥越氏の淫行疑惑と違って、蓮舫は国家のあり方の基本に関わる問題だけに論外だ。

以下はその記者会見の一部である（民進党ＨＰより、記者の質問は部分的に省略している）。

岡田代表「この問題の発端になったのが、私の通産省の1年先輩である八幡和郎さんという方のブログです。その最初に、『民進党の代表選挙は蓮舫氏の独走状態のようだ。しかし、閉鎖的といわれる日本人が野党第一党の党首に台湾から帰化した女性を選び』帰化したというのは事実に反するのですが、『有力な首相候補とするとは随分と大胆なことだと思う』と、この書き出しで始まるわけですね。私は、もうそこからすごく違和感を持っております。／今、彼女は日本国籍を得ていることは間違いのない事実であって、『お父さんが台湾の人だから』、それが何かおかしいかのような発想が、この一連の騒ぎの中でどこかにあるとすると、私はそれは極めて不健全なことだと思っております。我々民進党は、そういった考え方とは対極にあるということを申し上げておきたいと思います」

【解説】 岡田克也の酷い不見識は2点ある。

第一に、「……のような発想が、この一連の騒ぎの中でどこかにあるとすると、私はそれは極めて不健全なことだと思っております」と言うが、法的に問題があることを批判されたときに、批判者の思想内容などが自分と違うから批判を受け付けないのは許されまい。そんなことなら与党は、「民進党には自民党がやることは何でもダメと言う発想があるから不健全」というのを議論を回避する常套句にするだろう。

第二に、生まれながらの国民でない政治家を大統領や首相候補とするのに躊躇を感じるのは世界中ほぼ共通のことであり、それを「我々民進党は、そういった考え方とは対極にある」というようなことではあるまい。私は、外国系の政治家に広く門戸を開くべきだが、国家への忠誠や文化社会への共感は示してもらわねば困るとしつこく書いており、外国系の政治家に否定的なのではない。

質問 「２００４年の選挙公報で、蓮舫氏は『１９８５年、台湾籍から帰化』と明記されている。〔中略〕帰化ではないとおっしゃった限りは、この選挙公報は虚偽だということになるわけだが」

岡田代表「どこまで厳密な意味で使われたか、ということだと思います。それ以上のことはちょっと私に聞かれてもわかりませんので、ご本人に聞いていただきたいと思います」

【解説】 本人が使っていた言葉を人が使うと、本人も党首も間違いだなどと威張って言うなと言いたい。

質問「台湾籍を放棄されたかどうかという点を我々は問題視をしているわけだが、これまでの蓮舫さんの説明で十分に尽くされているかどうか」

岡田代表「それは蓮舫さんご自身が説明されることだと思います。そして、それを国民がどう受け止めるかということだと思う。／彼女自身、記憶が定かでないところがあると。したがってもう一度、念のためにあらためてそういった（台湾籍放棄の）手続きをとったということも言われているわけで、私はそれが何か問題だとは思えません。

それから、産経新聞は異なると思いますが、この問題の背景にある、ちゃんと国籍を得ていても、父親が外国人であると日本のリーダーになってはおかしいような、そういう考え方があるとすると、それはやはり『違いますよ』と、私ははっきりと申し上げたいと思います。国際的なルールから見ても、普通、先進国で、すでに国籍をきちんと得ているにもかかわらず、政治家になれない、リーダーになれないということは一般的ではないと思

います し、『多様な価値観を認める』、そして『寛容』という、我が党の目指す方向性とは全く異なるものだと思います」

【解説】後継者として自分で支持しておきながら何という無責任。誰も外国系だったら政治家になる資格なしと言っていないし、生まれながらの国民でない政治家をトップリーダーにする国は普通ないのだから、指摘を国際的に特殊な考え方だとするのは誹謗中傷だ。

質問「ミャンマー、アウン・サン・スー・チーさんが選挙で勝ったにもかかわらず、家族が外国籍で、大統領になれないと。そういう差別的なことが日本であってもいいのか。一部のメディアの方は取り上げているが、下手したらこれは人権問題にもなるし、先進的な、民主的であるはずの日本が、何かこういう問題で、変な形で逆に外国から批判されるかもしれない。ただ、脇の甘さ、本来きちんと公表すべきところを公表していない部分があるのだったら、それはそれで整理しなければいけない。その辺をどう整理されているか」

岡田代表「それはご本人が説明する話であって、十分な知識もないまま私がこの場で申し上げることではないと思います。もし疑問があるのであればぶつけていただき、ご本人が説明する問題だと思います。／今、ミャンマーの話をされましたが、いずれにしても、かつてどういう国の人間であったとしても、日本国籍を取得して、そして取得をすれば当然それは日本人だし、その人が政治家になったりリーダーになったりしてはいけないということは、まったくあり得ないことだということは、はっきり申し上げておきたいと思います」

【解説】ミャンマーの法律は国民の支持が高いアウン・サン・スー・チーを狙い撃ちにしたから批判されているが、一般的に差別的と言われているわけでない。反植民地主義の観点から十分な理由がある。生まれながらの国民でない大統領を排除しているアメリカ憲法は差別的なのか？

〈9月8日〉台湾籍についての謎の法務省見解に疑問

この頃大変な誤解を招きかねない記事が、共同通信などいくつかのメディアに流された。これに対しては、すぐに自民党には誤報だとする連絡があったというニュースが流れてきたし、1週間後の15日に誤報だったことがはっきりするのだが、とりあえず、蓮舫が二重国籍でないという弁解に使ったのでややこしいことになった。

それは、「法務省によると、日本国籍を選んだ時点で中国籍（台湾籍）を喪失したとみなされる。日本は台湾を国家承認しておらず、中国の国籍法にのっとり判断。同法は、中国国外に定住する中国人が外国籍を取得した場合、自動的に中国籍を失うと規定している」というものだ。

この趣旨のニュースが朝日新聞などでも報じられ、「だから、蓮舫の二重国籍は生じない、したがって問題ない」という意見があちこちで述べられたのだ。

〈９月８日〉蓮舫、フェイスブックに自身の見解を発表

蓮舫が自身のフェイスブックに所見を書いたが、ツッコミどころ満載である。

《私は日本人です。／日本で生まれ、日本で育ち、日本の風土で育てられ、日本で結婚し双子を育ててきています。／そして、我が国のために働きたいと国会議員として仕事をしています。日本を良くするために、まだまだ努力をしようと強く思っています。

私は、生まれたときから日本人だという気持ちが強いのですが、法律的には、女子差別撤廃条約の締結を目前にして改正国籍法が施行（昭和60年1月1日）された直後の昭和60年1月21日、日本国籍を取得しました。17歳のときでした。／日本法の下で適正な手続きを行い、国籍の届出を行いました。私は、日本人です。

私が台湾法において、籍があるのかというご指摘がありました。／高校生の時、父親と

台湾の駐日代表処に赴き、台湾籍放棄の手続きを行ったという記憶があります。私は、台湾籍を放棄して今日に至っているという認識です。

この点について、今般、確認を行いましたが、いかんせん30年前のことでもあり、今のところ、確認できていません。／今後も確認作業は行いたいと思いますが、念のため、台湾の駐日代表処に対し、台湾籍を放棄する書類を提出しました。

この間、大好きな父が否定されるかのような。また、最愛の娘と息子にまで言及する書き込みに触れました。家族が本人に責任のない中傷誹謗にあうのは母として耐えられませんでした。》

以下はアゴラに投稿した私のコメントである。

大好きな父が否定されるというのは、この議論の過程で、昭和41年に、公明党の黒柳明議員から蓮舫さんの祖母である陳杏村さん、父親の謝哲信さんの絡んだバナナの輸入利権に関する黒い霧事件について追及が行われたのが明らかになったことを指すのだろう。しかし、これは国会の議事録にのっている事実である。また、子供に「翠蘭《すいらん》」「琳《りん》」という中国人の名前をつけたことは蓮舫さん自身が従来から積極的に公開している。それから、父が忘れたのではないかといって亡くなったお父様に責任を押しつけたのは、蓮舫さん自身である。

マスコミを通じて釈明するが逆効果

〈９月９日〉ヤフーのインタビュー掲載

体系的に詳細に言い分を知ってもらう必要があると思ってか、９月８日、蓮舫がヤフーでロングインタビューに応じた。聞き手は朝日新聞の元台北支局長の野嶋剛氏で、非常に的確な質問もしているが、肝心なところで、言いくるめられているのである。

そこで、徹底的に詳細な反論を加えた。長い引用になるが、私のコメントとともに見ていただこう（Yahoo!ニュース２０１６年９月９日より、野島氏の質問は部分的に省略している。また、**【解説】**は私がアゴラに投稿したものの抜粋である）。

――生まれてから17歳になった1985年まで、中華民国籍（以下、台湾籍と呼ぶ）だったということですね

蓮舫「そうです。ただ、（日本と中華民国が断交した）1972年以降は、国籍の表記としては『中国籍』となっていました」

【解説】中華民国籍の方の戸籍などにおける国籍表示は、蓮舫が生まれたときから常に「中国」だった。つまり、蓮舫が「（日本と中華民国が断交した）1972年以降は、国籍の表記としては『中国籍』となっていました」と言っているのは記憶違いであろう。

――これまで「生まれたときから日本人だった」と語ったことがありましたが

蓮舫「この間、ネットなどで私の家族を攻撃するような、いわれなき書き込みがあったので、あえて私の気持ちとしては日本で生まれて育って日本の風土で育まれたという気持ちを話しました。ですが確かに法律上は17歳から日本人になっています」

【解説】17歳で日本国籍を獲得した前後の事情については、1990年代のインタビュー（111ページのコラム参照）とはまったく違っている。92年当時、彼女は24歳。国籍取得から7年後で記憶は新しく、政治活動もしておらず、制約も少ない立場で答えている以上、朝日新聞などでの発言の信頼性は高いと見るべきだ。

〔中略〕

――日本国籍になったとき家族内で議論はありましたか

蓮舫「父から、どう思うかと聞かれました。私からは父に、日本国籍を取得するメリットとデメリットを質問しました。父が言うには、台湾籍の父親と娘の国籍が違うものになる。ただ、日本で納税するかわりに、投票権がもらえる。政治参加ができると。それが最大のメリットになる。そんな風に言われて、日本国籍を取るという選択を決断しました」

【解説】111ページの朝日新聞の記事では、「十九歳のとき、兄弟の就職もあって日本に帰化した」と説明されており、それと矛盾する。ヤフーのインタビューでのやりとりが「ウソ」とは言わないが、現在の立場を反映しての「後付け」のような印象を持つ人も多いだろう。

〔中略〕

――中国語能力はその時点ではどうでしたか？

蓮舫「ゼロです」

――ということは、台湾語か、あるいは中国語（北京語）でも、分からなかったということですね

蓮舫「いっさい分かりませんでした。その後、北京に留学して中国語を学びましたが」

〔中略〕

――1985年に日本国籍になり、台湾籍ではなくなったと思っていたのでしょうか

蓮舫「はい。当時、国籍取得証明書を父から見せられて、『今日から日本人だ』と説明を受けたので、あ、日本人になれたんだと思って、そこで私にとっての国籍問題は終わっていました」

【解説】このときに蓮舫が行った手続きとは、日本国籍留保の手続きだったと考えられる。中華民国籍だけを持っていた蓮舫は、法改正によって日本国籍も留保し、その後亜東関係協会に中華民国との合法的な二重国籍になったことを届けたというのがおそらく「真相」である。

20歳以降に改めて離脱手続きをしたという記憶は蓮舫にもなさそうだ。日本国籍選択手続きをしたというなら、その正確な日時は台湾当局に問い合わせなくとも、自分の戸籍謄本または原戸籍を見れば書いてあるはずだ。しかしなぜか、その日時を明らかにしていない。この点で大きな疑義が生じる。

この部分は、蓮舫の著書『一番じゃなきゃダメですか?』とだいぶ内容が違っている。これによれば、台湾の人々と交流し、台湾の言葉で話すようになったといった詳細な記述

このたびは飛鳥新社の本をご購入いただきありがとうございます。

今後の出版物の参考にさせていただきますので、以下の質問にお答えください。ご協力よろしくお願いいたします。

■この本を最初に何でお知りになりましたか
1.新聞広告（　　　　　　新聞）　2.雑誌広告（誌名　　　　　　　　）
3.新聞・雑誌の紹介記事を読んで（紙・誌名　　　　　　　　）
4.TV・ラジオで　5.書店で実物を見て　6.知人にすすめられて
7.その他（　　　　　　　　）

■この本をお買い求めになった動機は何ですか
1.テーマに興味があったので　2.タイトルに惹かれて
3.装丁・帯に惹かれて　4.著者に惹かれて
5.広告・書評に惹かれて　6.その他（　　　　　　）

■本書へのご意見・ご感想をお聞かせください

■いまあなたが興味を持たれているテーマや人物をお教えください

※あなたのご意見・ご感想を新聞・雑誌広告や小社ホームページ上で
1.掲載してもよい　2.掲載しては困る　3.匿名ならよい

　蓮舫「二重国籍」のデタラメ 2016.12

郵便はがき

52円切手を
お貼り
ください

1010003

東京都千代田区一ツ橋2-4-3
光文恒産ビル2F

(株)飛鳥新社　出版部第二編集

『蓮舫「二重国籍」のデタラメ』
読者カード係行

フリガナ	性別　男・女
ご氏名	年齢　　歳
フリガナ	
ご住所〒 TEL　　（　　）	
ご職業 1.会社員　2.公務員　3.学生　4.自営業　5.教員　6.自由業 7.主婦　8.その他（　　）	
お買い上げのショップ名　　所在地	

★ご記入いただいた個人情報は、弊社出版物の資料目的以外で使用することはありません。

がある。

〔中略〕

――日本の国籍取得の後は、台湾のパスポートは使っていないのですか

蓮舫「使っているのはすべて日本のパスポートです。台湾のパスポートは失効しています」

――期限切れで、そのままになっているということですね。その後は使ったり、再取得したりしたことはありますか

蓮舫「ありません。日本のパスポートだけ使っていました」

――お父さんご自身は台湾籍を放棄しないまま亡くなったのでしょうか

蓮舫「詳しいことは何も聞いていません。私は１９８５年に日本国籍の取得で、母の戸籍に入って斉藤蓮舫になりました。父は母の戸籍に入っていません。ですので、日本国籍ではなかったのかも知れませんが、はっきり分かりません」

【解説】１９９４年にお父さんが亡くなったときも、父親の国籍を確認しなかったという説明を素直に受け取れる人は少ないのではないだろうか。また、父親の国籍を知らないというのはどういうことか。台湾籍以外の多重国籍の可能性でもあるのだろうか。

――中国に留学したとき、いわゆる台湾人の「台湾同胞証」を使ってはいませんか

蓮舫「いません。日本人としてビザを取っていきました」

――台湾の身分証やIDナンバーも持っていませんか?

蓮舫「持っていません」

――お父さんが90年代半ばに亡くなったときも、台湾の財産を台湾籍として取得したことはなかったでしょうか。台湾出身者は二重国籍を保持して台湾で納税したほうが税制上、優遇措置を受けられるケースもあります

蓮舫「父は台湾に遺産がなかったようです。そうしたことはまったくありません」

【解説】手広く台湾で仕事をしてお金持ちだったはずのお父さんが台湾での財産をまったく持っていなかったというのはにわかに信じがたい。ただ、通常はお父さんが亡くなったとき、諸手続きのために戸籍は見ているはずであり、そのときに自分の台湾籍が抜けてないことに気がつかなかったはずがない。こうした私の指摘への「対策」としての説明ではないか、とも考えうる。

日本での遺産相続なども含めてお父さんの台湾での戸籍などを見たことがないというのは、一般的には想像しにくい。私たち庶民でも両親が死んだときに直面する煩雑な手続き、そして、それを確認して捺印したりする経験からすれば、不思議な印象を持つ。

――過去に「ＣＲＥＡ」という雑誌のインタビューで自分が「台湾籍です」と語っているという指摘を受けています

蓮舫「そのとき、私の記憶では『台湾籍だった』と過去形で語っていました。当時の取材で、中国に留学した理由を尋ねられたので、台湾には助けてくれる父の友人もいるぐらいなので、いままで知らなかった中国を見てみたいという思いだったことを説明しました。そこでは『台湾籍だった』と言ったつもりでしたが、当時の編集者を探してテープで確認するわけにもいきません」

【解説】前述の著書では、留学先に北京を選んだ理由は、台湾に父親の関係者が多すぎるためとしている。著名雑誌のインタビュー記事で、ゲラを丁寧にチェックするのが普通だ。

〔中略〕

――台湾籍を持っていないのかと問題提起されたことはなかったのですか

蓮舫「ないですね。大臣になったときもまったく話にでなかった。今回が初めてです」

【解説】ウィキペディア中国語版などにも二重国籍だなどという記述があった。

――現在、台湾に対して、具体的にどんな手続きをしているのでしょうか

蓮舫「台北駐日経済文化代表処を通して、私の台湾籍がどうなっているのか、確認をして

もらっていると同時に、これも代表処を通して、台湾の内政部に国籍の放棄の申請をしています」

【解説】 あるかないかもわからない国籍を離脱する申請書があるのか、添付するべき書類はないのか気になる。

〔中略〕

蓮舫「少し法律的な話になりますが、（日本と中華民国が断交した）1972年以降、私の国籍は形式上『中国』になっています。仮に中国の国内法では外国籍を取得した者は自動的に喪失をしているので、二重国籍にはなりません。／また、日本と台湾は国交がないので、台湾籍を有していたとしても法的に二重国籍だと認定されることもありません。しかし、父の生まれた地である台湾のことでもあり、疑問を持たれることがあるならば、ここはしっかり払拭するべきだと考えて、今回、台湾籍の放棄の手続きを取りました。ここに尽きると思います」

【解説】 これでは「台湾籍を持ったすべての人は無国籍」というのと同じことである。法務省が、中華民国籍であれ、中華人民共和国籍であれ、日本国籍取得者に対して、「あなたの中国籍は自動的に無効になりますから、あらためて国籍離脱手続きをしなくていいです」

と指導しているなどということはあるはずがない。

――お父さんから、「台湾の国籍をなんとかしなさい」と言われたことはありませんか？

蓮舫「一回もないです。日本の国籍取得証明が送られて、ずっと日本人という考えで過ごしてきました。台湾に行くときも日本のパスポートで外国人として行っていました。自分が日本人だと一度も疑ってきませんでした」

〔中略〕

――ちなみにお子さんお二人の国籍はいかがですか

蓮舫「完全な日本人です。夫は日本人で、日本人同士の結婚になっていますから」

――ご家族にもバッシングが向かったと主張されていますね

蓮舫「ネット上で、私の息子と娘の名前が中国風でおかしい、という書き込みがありました。しかし、名前は個人のアイデンティティです。親が娘や息子に対して思いをもってつけてあげた名前をヘイトスピーチ的に否定されるのは耐えがたい気持ちになりました」

【解説】翠蘭《すいらん》、琳《りん》という名前を以前から公表している。また、子供たちはフェイスブックで自分たちの動向を公開しているし、蓮舫の子であることを積極的にアピールもしている。

――夫の姓である「村田蓮舫」で選挙に出るべきだという指摘もありましたね

蓮舫「私は謝蓮舫でしたし、（日本の国籍取得後は）斉藤蓮舫でもありました。結婚して村田蓮舫にもなりました。そのなかで唯一変わっていないのは蓮舫という名前です。その名前を使って芸能界でデビューし、ニュースキャスターもやらせていただきました。蓮舫という名前を使って政治活動を行っていることには何の違和感もないのです」

【解説】 本人に違和感がなく、法律上の問題はないとはいえ、政治活動上の名が「ファーストネームだけ」は、有権者にとっては違和感がある。蓮が名字で舫が名前だと思っている人も多く、村田蓮舫が本名だということを知る人は少ない。民進党の「村田代表」で活躍するほうがより多くの人の共感を得るのではないか。

〈9月12日〉ハフィントンポストのインタビュー掲載

疑惑の人物の言い分だけ垂れ流してはメディアの名に値しない。ハフィントンポストのインタビューは、ジャニーズの芸能人に対するものと同じレベルのヨイショだけである（ハフィントンポスト2016年9月12日より、記者の質問は部分的に省略している。また、**【解説】**は私がアゴラに投稿したものの抜粋である）。

蓮舫「私に台湾の血が流れていることは、とても大切なこと。そのこと自身は前向きに捉えて、『日台友好』という仕事は、これからもやっていきたいと思っています」

【解説】「一つの中国の原則の中で台湾は国でないから私は二重国籍ではない」と言って台湾を裏切ったのは蓮舫自身である。

〔中略〕

――いわゆる「ハーフ」が「日本国民と見なされない」などと言われる現象もあります。ミス・ワールド日本代表の吉川プリアンカさんが、インタビューで、いじめを受けた過去をお話しされました

蓮舫「見た目が違うとか、名前が違うから『区別をする』という、ある意味、風潮があるのは承知しています。一方で、ヒト・モノ・カネが簡単に国境を超える時代です。その中で、こういう日本の風潮で、海外の人が日本に住みたくなるか、来たくなるかというのを考えた時に、こういう風潮が是なのかそうじゃないのかというのは、私自身もう一回考えたいと思います。／私の件も、（インド系の）ミス・ワールド（日本代表）の件も、我が国の『ダブル』の方たちが置かれている状況について、海外の報道は、日本とは違う角度ですよね。国籍とか、自分のアイデンティティというよりも、何かもう、日本の純血主義と

は違う文化という風に捉えています。（『ダブル』の）ミスの方が話題になってしまうとか、辛い過去を告白することが『あ、日本て開かれていないのかな』って、海外に勘違いされてしまう文化があるとしたら、それはないに越したことがないと思います」

【解説】むしろ日本はハーフが大好きな国でないかと思う。ハーフの人はむしろ普通の日本人より優遇されている面もあるのではないか。蓮舫ももっぱらハーフを売り物にタレントとしてブレイクした。ミス・ワールドについても、初めて違う人種の人が美人コンテストで国の代表に選ばれるときは、どこの国でも論争が起きる。初めてアフリカ系の女性がミス・フランスになったときも大騒ぎになった。日本が特別とはまったく思えないし、日本の特殊性のように言うのは日本に対する誹謗である。

――国籍選択制度に対して、2009年の民主党の政策集では制度を見直し「重国籍容認」を目指すという政策がありました

蓮舫「我々の党の綱領自体が『多様性を認め合い、共生社会を作る』というのが、最も強く重きを置いているところです。その部分において、多様な人材が、日本のために活き活きと生活ができ、仕事ができる環境を整えるというのは大切なことだと思っています」

――民進党としても政策は継続される？

蓮舫「一度我々が政権公約で掲げたことですから、これを修正することはないです」

【解説】自分が現行法の義務に反していることを謝らずに、制度改正を主張するのは一般論として許されない。

〔中略〕

――ツイッターのアカウント名が＠renho_sha となっていることを問題視するような意見もあります

蓮舫「２００９年のアカウント開設時、蓮舫（renho）というアカウントがもう使えなかったんです。他でも試してみて、難しくて、謝を付けて試したらアカウントが取れたんで、という流れです」

――村田とか斉藤で試されたのですか

蓮舫「試してないです。いくつかやって、早い段階で謝が取れたんで。深い思いは特段ないです。Instagram も蓮舫（renho）では取れなくて、なので悩んで、インスタは＠renho.jp にしているんです」

【解説】蓮舫が日本の文化や歴史への愛着が深いことを国民から認められるように努力するなかで解決するべき問題である。名前のことを問題視するのは、日本の文化社会全般に知識も愛着もないからである。ドナルド・キーンさんや金美齢さんが帰化後に元の名前を維持していても、誰も問題にしない。

〈中略〉

——ここ数日のアゴラではさらに、朝日新聞の93年のインタビューで蓮舫氏の発言として「在日中国国籍の者として」と書かれていることや、2010年の中国国内線の機内誌で「中華民国国籍を持っている」という記載があるとも報道されています

蓮舫「台湾では、かなり私のことが報道されているんですよ。その中には、取材を受けているもの、受けていないものがあるので。ちょっとこの雑誌はわからないです、出どころが。取材を受けたかどうかもわからないです。／朝日の方は、私は確かに17歳までは『中国』という在留許可証を持っていましたから、確かに中国の国籍だったと思うんですが。『だった』という話をしたと思います。過去形で」

【解説】国籍という大事なことについてきちんと記憶したり、誤った情報を流されたりしたときにきちんと対応してこなかった人に国政は任せられない。もし台湾の国籍がないのに国籍があると誤解されているとしたら、自国民が日本の大臣などになったと誤った期待を与えるわけだから、放置していたことこそ、日本と台湾の両方の国民にとって背信行為だ。

――普通に暮らしている人にとっては、出す必要のないプライバシーに関する資料を公開していいます

蓮舫「公人として求められれば、ちゃんと説明を尽くさなければならないとは思っています。ただ、他方で極めてプライベートなことをズケズケと土足で、かつ本人に確認をしないで書き込みが連鎖で進んでいくような環境があることは本当に本当に悲しいなあ、悲しいの一言につきます」

【解説】家族のことも含めて虚実織り交ぜた情報を積極的に公開し、ウリにしてきた蓮舫が言うべきことか。ご主人も蓮舫の夫であることを強調しながら選挙に出たのではなかったか。

――ネットの怖さも感じられたということですが

蓮舫「成熟してきている部分もあると思うんです。Yahoo! Japan ニュースの記事で風向きが変わった部分も大いにありました。テレビや新聞だとほんの一言ぐらいしか使われないので、あのようなロングインタビューを掲載していただけると訴求力があります」

【解説】最初から好意的に書いてくれそうで、突っ込みができそうもない媒体にだけインタビューさせるのでは政治家として一流と言えないだろう。たとえば、安倍首相が、朝日・

毎日・共同などを避けて都合のよさそうなメディアのインタビューばかり受けていたら、どれだけ批判を受けるだろう。

蓮舫は今回、初めて攻撃される側に立った。これまで蓮舫に攻撃された人たちが、どれだけ人生を懸けてやってきた仕事や自尊心を否定され、家族も含めて侮辱されたか。今回も、正当な疑惑の指摘をした側が、人権だヘイトだといわれなき批判にさらされたことを反省し、詫びるべきだと思う（アゴラ投稿記事より）。

コラム　過去の新聞・雑誌インタビュー掲載まとめ

蓮舫は国籍、アイデンティについて、現在とはかなり異なることを述べている。時系列的に主なものを以下に引用しておきたい。

1992年6月25日　朝日新聞

《父が台湾人、母が日本人。十九歳のとき、兄弟の就職もあって日本に帰化した。東京で生まれ育った身にとって暮らしに変化はなかったけれど、「赤いパスポートになるのがいやで、寂しかった」。》

《父や母を通して触れた台湾、アジア。自分の中のアイデンティティーは『日本』とは違うと感じる。》

1993年2月6日号　週刊現代（※聞き手・三枝成彰）

《三枝「お母さんは日本人？」／蓮舫「そうです。父は台湾で、私は二重国籍なんです」》

１９９３年３月16日　朝日新聞（※テレビ朝日番組ニュースキャスターに決まったときの発言）

《蓮舫さんは「在日の中国国籍の者としてアジアからの視点にこだわりたい」と話した。》

１９９４年２月８日　朝日新聞

《日本に生まれても、私は台湾人の父の血を受け継いでいるんだ、という自覚が徐々に生まれました。／兄の就職をきっかけに、兄弟そろって帰化しました。苗字は母の姓にしたんですが、名前は蓮舫のままです。この時、窓口の人が「いいんですか」といったんです。「本当にいいんですか、日本人じゃないと名前でわかりますよ」って。「何が悪いんですか」と言い返しましたけど、一生忘れない言葉です。》

１９９７年２月号　ＣＲＥＡ（※北京大学への留学について）

《（親は）日本人として子どもを育てたので日本のことしか知らないし、日本語しか話せない。それが自分の中でコンプレックスになっていました。だから自分の国籍は台湾なんですが、父のいた大陸というものを一度この目で見てみたい、言葉を覚えたいと考えていました。》

1999年8月号　Grazia

《自分の中で〝これだ〟といえるものは中国人であるというアイデンティティー》

2000年10月27日号　週刊ポスト

《私は帰化しているので国籍は日本人だが、アイデンティティは「台湾人」だ。》

2010年4月22日号　婦人公論

《85年、18歳のとき、蓮舫は国籍法に基づいて帰化申請をした。国籍の異なる両親から日本国内で誕生した子どもは、両国の国籍を持つが、22歳までにどちらかを選んで、二重国籍を解消しなければならない義務があった。

「私は台湾で生まれ育ったわけではありません。台湾語も話せませんでしたが、父とつながっているパイプは台湾国籍だと思っていたから、台湾籍は残しておきたかったのです」

ところが哲信（蓮舫の父）は、台湾籍を望まなかったばかりか、日本籍になるメリットを話して聞かせた。選挙権が持てる、年金や医療など社会保障の恩恵を受けることができる、などなど。

「18歳では、選挙も年金もなんだか遠い話に思えましたが、なぜか腑に落ち、日本国籍を選びました」

あの時、日本を選ばなければ、被選挙権は得られず、議員・蓮舫は存在しない。（中略）

「私の子どもたちは、クォーターになります。だから台湾を忘れないでという気持ちを込めて、中国の名を付けた。長女には、祖母が望んだ〝蘭〟の字を使った翠蘭、長男は琳です。名前は自分のルーツを知ることができる大事なもの。将来、世界へ旅立つときに、華僑、華人、仲間がたくさんいることを感じてほしかったのです」》

第4章

ドキュメント蓮舫事件 Part 2（2016年9月13日〜10月30日）

代表戦終盤になって二重国籍を認める

〈9月13日〉蓮舫、ついに二重国籍を認める会見

この日、蓮舫がついに二重国籍を認めた。蓮舫は国会内で記者会見し、日本国籍と台湾籍のいわゆる「二重国籍」疑惑について、「17歳で放棄したと認識していた台湾籍が残っていた」と述べたのである。

蓮舫は二重国籍を認めた上で、民進党代表選から撤退するつもりはないという意向を示した。また、17歳の1985年1月21日のときに日本人になったのは間違いないことがほぼ確定した。

しかし、国籍を選択したと言ったことが、ますます事態を混乱させることになる。蓮舫の説明はあたかも、国籍取得と国籍選択を同時にしたようにとれる表現であり、それはめったにないやり方なので、それならいつ選択したのかが追及されることになった。蓮舫と記者団のやりとりは以下の通りである（産経ニュース2016年9月13日より）。

蓮舫「すいません。朝からお集まりいただいた。先般来、私の国籍のことでお騒がせしているが、これまでご説明したとおり、17歳のときに日本国籍を取得した。合わせて父と一緒に台湾籍を抜く作業をしたという認識で今にいたっていたが、台湾当局に私の籍の確認をしていたところ、昨夕、代表処から連絡があり、私の籍が残っていたということを受けたので、改めて報告させていただく。その上で、17歳のときに私が日本国籍を選択して、台湾の籍を父とともに抜いたという認識は今にいたっても同じだったが、17歳当時の私の記憶の不正確さによって、さまざまな混乱を招いたことは、本当におわび申し上げたいと思う。合わせて、私の高校生時代の記憶によって、この間当初から発言がある意味、一貫性を欠いていたことに対してもおわび申し上げると同時に、大好きな父の台湾の方々にも心配をさせてしまったので、本当に申し訳ないと思っている。

その上で、私はこれまで一貫して、政治家としては、日本人という立場以外で行動したことは一切ないし、日本人として日本のために、わが国のために働いてきたし、これからも働いていきたいと思う。これも申し上げているが、台湾当局に、私の籍を抜く届け出をしているので、この手続きが完了すれば、この籍に関することは、最終的な確定をされるということだ。大好きな父の台湾の血、あるいは私の中に流れている謝家の血というものは、大切なルーツのひとつだと思っている。ただ、私は17歳のときに、自分の判断で日本国籍を選択した。日本人です。このことはもう一度言わせていただきたいと思う。以上です」

——現在手続き中の台湾籍を抜くめどは

蓮舫「あの、相手があることなので、私から、いつというふうには断言できませんが、そう遠くないと思っている」

——現時点ではまだ残っている？

蓮舫「はい」

——17歳のときに放棄手続きをしたということだが、過去の新聞などのインタビューでは台湾籍を持っているという記事が載っている。整合性は

蓮舫「あの、当時の私の発言でね、台湾と日本との2つのルーツを持っているという意識、その意識で発言していたと思うが、浅はかだったと思う。ただ、台湾籍は抜けているという認識はずっと持っていた」

——記事の内容を読むと、その時点で台湾籍を持っていると読み取れるような内容だった

が

蓮舫「うーん、ただ、私の認識では、台湾籍はもう抜けている、日本人になったという思いを持っているので、父の台湾、母の日本、２つのルーツを持っているという程度の、その認識だった。これも本当に浅はかだったと思う。言いぶりも含めて」

――以前は編集の過程で「台湾籍だった」という言いぶりが「台湾籍なので」と変わってしまったとおっしゃっていたが、そこは変わらないか

蓮舫「変わりません」

――日本の国籍法上、日本国籍を取得された場合は、外国籍を放棄するとなっている。台湾籍は便宜上、中国籍として扱うことになっているが、いわゆる「二重国籍」と言われていることについては

蓮舫「私としては、届け出による日本国籍取得をしている。合わせて父とともに台湾籍を抜く作業を終えたと認識していたので、自分としてはそこは問題とは思っていなかった」

――蓮舫氏としては、まさか台湾籍が残っているとは思っていなかったということか

蓮舫「はい、はい」

――代表選の今後はどうするのか

蓮舫「政治家としてわが党のために働きたい、次の世代のためにとにかく仕事をしたいという思いは、これまでも、これからも同じで、その部分で日本のためにしっかりと仕事をしたいし、党を変えたいという思いは引き続き変わらない」

――代表選で党員・サポーター票の郵送投票は（12日必着で）終わってしまった

蓮舫「とにかく私の記憶の不確かな部分でご迷惑をおかけしたことは本当申し訳ないと思う。そこも含めて、代表選のときのスピーチの中で、皆さんに届くような言葉をしっかり説明したいと思う」

――日本の国籍法では離脱できるが、台湾の国籍法をどう認識していたのか。中国のように自動的に失うということだが、台湾の国籍法についてはどう認識していたのか

蓮舫「一貫して私は台湾籍が抜けていたと思っていましたので、その細かな部分を正直、17歳当時、すべて父に任せていた。ですから、あえて台湾の法律、言葉も分からない段階もあったので、特段に配慮したことはない」

――9月に入ってから、この問題が出てきてからの認識だと思うが、台北駐日経済文化代表処（東京都港区）とどのような経緯があったのか

蓮舫「そこは台湾の籍を抜くための資料、何を提出すればいいのかというご説明を受けて、

それに基づいて届け出をした」
――今回の一連の騒動で発言が二転三転したことで、与党からは批判を浴びるのではないかということで、党としてリスクマネジメント上、大丈夫なのかと懸念する声があるがどう受け止めるか
蓮舫「誠実に今、お話ししたことに尽きるので誠実にお話ししていく」
――日本の法律上は努力義務に基づくと思うが、二重国籍については法律違反ではないかという認識なのか
蓮舫「私は17歳の時点で、日本人になりましたので、台湾籍を放棄したという認識をして、今にいたっているので違法性はないと思う」
――日本維新の会が国会議員や官僚の二重国籍を禁じる法案提出を検討しているが、国会議員の二重国籍について、どう思うか
蓮舫「他の政党がどのような法案を出してくるかというのは、ちょっとまだわかりませんが、どのような内容かはね、党内でその議論はするべきだとは思う。それにたって、今の日本で適切なのかどうかは国民のみなさま方の声を聞かなければならないと思う」
〔中略〕

――蓮舫氏は日本人で、これまでも仕事をしてきたが、最初の時点で確認が終わってから発言したら、ここまで混乱がなかったと思う。確認しないまま、明言していたことはどう思っていたのか

蓮舫「当時の自分の思い、記憶に頼って発言してきたことが、混乱を招いたことはおわび申し上げますが、自分の中では揺るぎない、自分は日本人で、台湾籍は抜けているという思いがあった。その記憶によって発言が統一性を欠いていたこと、これは率直に申し訳ないと思う」

――今回、一連の報道でいわゆる「二重国籍」問題が明らかになったが、閣僚になるときや、代表選に出るときに確認しようと思わなかったのか

蓮舫「あの……、日本人ですから、そこにおいての制限はないと認識している」

〈9月14日〉読売新聞が二重国籍に対する認識の甘さを糾弾

産経以外の主要紙で初めて読売新聞が社説で明確な立場をとった。

《国会議員が自らの国籍を正確に把握できていないとは、あまりにお粗末と言うほかない。

〔中略〕

結果的に、30年超も不正常な状態を放置してきたことになる。蓮舫氏は「私の記憶の不正確さによって様々な混乱を招いた」と陳謝し、改めて放棄手続きを進めるというが、遅きに失した対応だ。〔中略〕

外国籍保有者が国会議員になることを排除する規定はないが、外交官への採用は禁止されている。外交・安全保障などの国益を担う国会議員が、自身の国籍を曖昧にしておくことは論外である。

蓮舫氏は、17歳当時、台湾の大使館に当たる台北駐日経済文化代表処で行ったとされる放棄手続きの完了を確認しなかった。２００４年参院選の出馬時にも、その作業を怠った。政治家として認識が甘く、資質が問われよう。

台湾は親日的とはいえ、尖閣諸島の領有権を主張するなど、日本の立場と相反する問題もある。台湾籍があれば、台湾との関係であらぬ疑念を招きかねない。

見過ごせないのは、蓮舫氏の説明が二転三転したことだ。

当初は「台湾籍は抜いた」と断言し、「うわさの流布は本当に悲しい」と不快感さえ示した。その後、手続きをした年齢が18歳から17歳に変わったり、台湾籍保有に言及した約20年前の雑誌インタビューが発覚したりした。

参院選の公報に「台湾籍から帰化」と記したことが公職選挙法に抵触する、との指摘もある。

蓮舫氏は「違法性はない」として、代表選から撤退しない考えを強調した。事実関係をより明確にし、説明責任を果たすべきだ。

岡田代表は、「父が台湾人だからおかしいという発想が一連の騒ぎにあるとすると、極めて不健全なことだ」と主張している。

民進党内に、蓮舫氏への批判が民族差別であるかのような曲解があるのは理解に苦しむ。問題にされているのは、あくまで蓮舫氏が法に基づく手続きを適切に行っていなかったことだからだ。》（読売新聞 2016年9月14日より）

9月14日、私はアゴラ編集部、夕刊フジ編集局とともに法務省を訪ね、担当の課長さんから話を聞いた。

非常に難しい専門的な話で、マスコミ各社も難渋したと思う。説明は学生時代のゼミでの議論のようで、一般の人にとっては禅問答のような複雑な話だった。

「蓮舫の中華民国籍は中華人民共和国の国籍法によって無効になっているので二重国籍でないというのが法務省見解」という非常識な報道がなされていたが、法務省はこれを強く否定し、それを報道した各社に、すでに撤回を要請したということだった。

翌日の日本経済新聞は、次のように報道している。

《法務省は14日、日本の国籍事務では「台湾の出身者に中国の法律を適用していない」とする見解を発表した。民進党の蓮舫代表代行の「二重国籍」問題を受けたもの。外国籍を取得した時点で中国籍を失う中国の法律を適用する立場にないとした。》（日本経済新聞2016年9月15日より）

この法務省の見解を金科玉条に蓮舫は党大会を乗り切ろうとしていたのだが、それが崩されたことで、法務省見解に責任を押しつけることはできなくなった。

二重国籍状態が違法かどうかという議論があったが、「法的義務に反した状態」だという説明を受けた。これを違法かと問えば、法務省はそういう切り口では物を言わないというのである。つまり、「違法だ」とも「違法でない」とも彼らは自分たちでは「言わない」というわけだ。

中国と台湾どちらの法律が適用されるかということについては、法務省としては判断を下す立場にないということだ。

また、日本国籍選択宣言をしたとして、他の国籍を解消することに「努め」ねばならない。努めねばならないという程度は、精神規定のようなものではまったくないが、一方で不可能でなければやらねばならないというほどには強くないという。よほど難しい事情があれば仕方ないということらしいが、蓮舫のケースではそういうものはない。

それでは、国籍選択宣言をした場合は、どうすればいいのか。それは、もう一つの国との間でやるべきことをすればよいのであって、その相手がどこか（中国か台湾かとかいうこと）とか、中国の国籍法で自動的に無効になっているかどうかなどというのは、法務省の判断することではないというのである。

それから、父母の国籍が違う場合に行うべき国籍選択を、①相手国からの国籍離脱をした上で日本に届け出するという形か、②日本政府への選択宣言でやるべきかは、二重国籍を認めていないという法律の趣旨からいっても①ですることが望ましいのは当然だが、②であってもダメだというわけではないということだ。

しかし、国籍選択宣言の場合にもう一つの国からの離脱手続きについて、市町村にどのような説明の指導をしているか聞いたが、していないということだった。当方から、どのような説明を受けたか、また、そのことについて質問された場合についてどういう対応をしているかいくつもの実例を挙げた。そうしたところ、少し調べてみるので時間をくれということであって、しばらくのちに、電話でいくつかの自治体に聞いてみたが、対応はまちまちのようであるということだった。

全般的に言って、国籍に関する問題について、市区町村に法律的解釈、窓口でどのような説明をするべきかがパンフレットを渡す以上に指示されていないというのは、奇異である。国家主権の根幹にあることだから、しっかり対応するべきだ。

〈9月15日〉疑惑のなか、蓮舫新代表が誕生

蓮舫が民進党代表に決定した。地方票、国会議員票を合わせ503ポイント。前原誠司は230ポイント、玉木雄一郎が116ポイントの「圧勝」ということだった。二重国籍が確定する前に締め切られた一般党員の投票で圧倒的多数を占めたので、潜在的な反対派も諦めたということの結果でもあった。

国籍選択すらやっていなかったことが判明

〈9月20日〉田原総一朗の〝孫娘〟の不始末擁護風の評論

田原総一朗氏が9月20日発売の『週刊朝日』に何とも大甘の蓮舫擁護のエッセイを書いた。主な論点とそれに対する寸評は後述するが、どんな非行をしても、可愛い孫娘が悪いはずないと言い張るお祖父ちゃんの風情で微笑ましいとも言えるが、オピニオンリーダーとしての矜持《きょうじ》は感じられない。

それより、田原氏は二重国籍を知っていたのではないかという疑問がある。朝日新聞に出たテレビ朝日の番宣記事で蓮舫は二重国籍であることを明言していたのだから、テレビ朝日関係者に広く知られていたはずだ。また、その後、二重国籍について知っていたことが明らかになっているマスコミ人には田原氏に近い人が多い。まして、蓮舫の配偶者・村田信之氏は田原氏の元アシスタントで、仲人は田原氏の野党人脈のキーパーソンである高野孟氏だ。この状況では、田原氏は二重国籍の噂を聞いていなかったのだろうかという気もする。

すでに多くのマスコミ人が二重国籍のことを聞いていたことがあると明らかになっている。彼らはそれを知っていながら沈黙を守っていたとしたら沈黙していたことについて重大な社会的責任がある。そういう人たちに限られた資源である電波が独占され、国民の知る権利が阻害されていることこそ問題だ。

《蓮舫氏は、85年に台湾籍を抜いたものと信じ切っていたため、いずれの手続きもしないで過ごしてきた。メディアのインタビューにも「生まれたときから日本人で、17歳のときに台湾籍は抜いている」と語っていたのだが（解説：9月のはじめに辛坊らがだまされた言い草を9月末になっても信じているとは信じがたい情報弱者ぶりだ）、いくつかの厳しい疑問を受けて、念のために、〔中略〕9月6日に除籍の照会をした。すると12日に、実は除籍されていないという返事が来たのだという（解説：照会しなくともすぐわかったことだと一般に理解されていると思うが、田原氏は言い分を丸呑みにするのか）。〔中略〕

繰り返しになるが、蓮舫氏は台湾籍を放棄したものと思い込んでいたのであって、曖昧にしていたのではない（解説：何を根拠にそんなことが言えるのか。本人は二重国籍を吹聴していたのだ）。参院議員になるとき、あるいは閣僚になるときに二重国籍がチェックできていなかったとすれば、むしろ国家のチェック機能そのものに問題があるのではないか（解説：悪事を防げなかったら国の責任で本人の責任は二次的なものという論理は驚天動地だ）。〔中略〕

確かに容易ならぬ手抜かりではあるが、彼女が台湾籍を有していたことで、具体的に何か不都合な事態が生じたのであろうか。不都合な事態が生じていたとすればそのときに問題になっていたはずで、そういう事態は生じていなかったわけだ。

民進党の代表選でも、他の候補者からこの件での蓮舫批判は生じなかった（解説：泥仕合になるので具体的に表で追及するのを遠慮しただけ。裏ではかなり厳しいやりとりが候補者間であったことを私でも知っている。また、最初から国籍選択すらしていなかったと言うなら展開は違ったはず）。民進党の議員たちは、彼女が混乱を招いたことを謝罪して、すぐに台湾籍放棄の手続きをしたことで、事実上、事態は終わったと考えているのであろう（解説：そういう事実はないと思うが）。》（週刊朝日２０１６年9月30日号より）

〈9月23日〉蓮舫、国籍選択をしてなかったことを記者発表

連休の谷間でニュースにならないことを狙ってか、9月23日（金）に、蓮舫が記者会見をして、「私の台湾籍の離脱手続きに関して、先ほど台湾当局から手続きが完了したという報告と証明書をいただいた。それを持って（国籍法が定める、戸籍法に基づく国籍喪失の届け出のため）区役所に届け出に行っている」と発表した。

通信社の記事では、「民進党の蓮舫代表は23日の記者会見で、父親の出身地である台湾（中華民国）籍の離脱手続きが完了したことを明らかにした」とあっただけだったので気がつかない人が多かった（産経ニュース2016年9月23日より、記者の質問は部分的に省略している）。

――離脱手続きが完了したという連絡は今日あったのか。区役所に届けるとは、どういう手続きか

蓮舫「それは日本の国籍法にのっとって、区役所に届けるとなっているので、その通り、届けている」

――区役所への届け出が終わった時点で、手続きが完了するのか。それとも、すでに完了したと言っていいのか

蓮舫「台湾籍は、離脱手続きが完了した。その証書をいただいたので、日本の国籍法にのっとって、手続きをしているところだ」

〔中略〕

――連絡があったのは

蓮舫「午前中だ」

〔中略〕

――台湾籍を離脱したとなれば、台湾のパスポートを返納する必要があると思うが、手続きは

蓮舫「今回、（台湾）籍の離脱を（台湾当局に）お願いするときに、当局から言われた申請書類を全て提出しているが、その中に私が子供だったときのパスポートもあった。提出している」

蓮舫の説明によれば、「台湾籍の離脱をしたかどうかが手元書類では確認できず、台湾側に問い合わせ、もしもしていないようなら手続きをするよう台湾代表処に依頼した。まだ残っているという連絡があったので離脱手続きを進めるように頼んでいる」ということだった。

日本国籍選択がすんでいれば、「台湾籍を離脱する」を行えばそれでよかった「はず」

である。しかし、日本国籍選択がされていなかったということのようだった。

ただし、この段階では、区役所への届け出が国籍選択届でなく、すでに国籍選択はしていたが、台湾籍からの離脱ができていなかったため、あらためて離脱ができたので届けたという可能性が皆無でなかったので、少し歯切れが悪いことしか言えなかった。

さらに、実はこの国籍喪失証明の届け出が、区役所によって受け付けられなかったことがあとで判明する。

〈9月24日〉篠原孝議員の批判

蓮舫の二重国籍問題について、篠原孝氏が民進党議員として代表選からの撤退を求めるなど、正面からの批判をしてきた。

以下はラジオ日本『細川珠生のモーニングトーク』で放送された内容の要約である。

《一般の人なら祖国の国籍を捨てたくない人が多いので仕方ない、としつつ「しかし国政をあずかる国会議員はあってはならない」と述べた。法律の有無ではなく公的な立場であるなら常識であり、ひょっとすると総理になる政治家と、一般国民では違うのではないか、と指摘した。

また、メディアの取材で蓮舫氏が、自分は中国籍と言ったり台湾籍と言ったり、日本に帰化したと言ったりしたことについて、「説明が二転三転していることはよくない、みっともない」としたうえで、「過去のこと（二重国籍のまま要職を務めていたこと）については深く頭を下げて詫びるべき」と述べた。

現在、国会議員の二重国籍を禁止する法案が維新の党の中で検討されていることについては、「当然賛成」と篠原氏は答えた。》（Japan In-depth ２０１６年10月8日より）

国会でも追及が始まる

〈9月27日〉日本維新の会が「蓮舫法案」を提出

日本維新の会は、秋の臨時国会に「公職選挙法の一部を改正する法律案（いわゆる蓮舫法案）を提出し、この日に参議院で受理された。この法案がこの臨時国会で成立する見通しはないが、今後、検討が進められ、何らかの法改正がされることが望まれる。

・外国の国籍を有する日本国民（国籍の選択をしなければならない期間内にある者及び日本の国

籍の選択の宣言をした者を除く。）は、衆議院議員及び参議院議員の被選挙権を有しないものとすること。（第十一条の二第二項関係）

・衆議院議員又は参議院議員の選挙における選挙公報の掲載事項として、外国の国籍の得喪の履歴（外国の国籍を有する者にあっては、国籍の選択をしなければならない期間内にある旨又は日本の国籍の選択の宣言をした旨を含む。）を明記すること。（第百六十七条第一項及び第二項関係）

〈9月29日〉アゴラが蓮舫へ公開質問状

9月23日に蓮舫は国籍選択をしていないことがほぼ明らかになった。しかし、多くの重要な事実について日付を公表していない、証拠書類はほとんど示されていないので、本当に台湾籍からの離脱ができていないかすら明らかでなかった。

そこで、アゴラ編集部は蓮舫に対する公開質問状（第一次公開質問状）を出した（次ページ参照）。また、この公開質問状はマスコミでもしばしば引用された。

今後もできることは、在来の新聞、雑誌、放送とはまったく違う公正なものであるという自負をお伝えしたいと思います。

アゴラ編集部

---

①蓮舫氏は1967年11月28日に中国人の父と日本人の母の間に東京で生まれた（書類なしだがほぼ確実）

②当時の国籍法の規定により台湾籍となり謝蓮舫と称す

③国籍法改正のために1985年1月21日に日本国籍取得（書類の一部がYahoo!ニュースに掲載されたことはある。確実ではないが事実の可能性は比較的高い）

④台湾代表処に③を報告する（蓮舫氏は国籍離脱届だったと思ったが（あり得ず）内容不明とするが、日本国籍取得の届け出か。時期は③と同日ないし遠くない時期だが書類なしで真偽不明）

⑤日本の区役所での国籍選択宣言（過去には18歳ないし19歳で行ったと推測できるようなことをいっていたが今回はしたかどうかも曖昧。日付は言及せず。もちろん証明書なし）

⑥台湾の代表処での国籍離脱手続き（したかどうかも含めて記憶が曖昧だったが今回していないことが判明）

⑦台湾代表処への9月6日申し入れ（台湾籍が残っているかどうかを調べ、残っていたら離脱したいむね書類を揃えて申請。秘書がマスコミに目撃される。ただし、相談申請の内容は書面では示さず不明（パスポートなど含まれていたと主張）

⑧台湾代表処から9月12日に国籍が残っていたと通知（書面で示されず真偽不明）

⑨台湾代表処から国籍喪失が9月23日に認められたと通知（書面で示されず真偽不明。来年になると台湾の官報に掲載される可能性）

⑩9月23日に喪失証明をもって区役所に届け出（国籍選択をしていなかったので改めてした可能性が高いがそれ以外の可能性も完全には排除されず。いずれにしても証明されず真偽不明）

⑪台湾パスポートは最後はいつが最終期限だったのか。最後に使ったのはいつか（不明）

⑫中国留学時にすべての機会において台湾人としての権利行使をしなかったか。台湾人であるほうが様々の料金が安いが（不明）

⑬自分の戸籍（原戸籍を含む）に記載されている台湾籍についての内容を見たことがないのか（あたかも皆無であるかのように主張しているが不自然）

⑭父親の戸籍（見たことがなく台湾籍だったかどうかも不明とYahoo! のインタビューで語っているが現在でも同じ主張か）

⑮日本のパスポートで台湾や中国に出入国していたならパスポートで証明できる。若い頃も含めて知りたい（古いパスポートも普通は残しているはず）

（項目ごとのカッコ内は当方の見解です）

参議院議員・民進党代表　蓮舫殿

蓮舫さんの二重国籍問題については、8月29日に八幡和郎氏がはじめてその疑いを指摘して以来、八幡氏や当サイト主宰の池田信夫をはじめ多くの筆者が当サイトで議論を展開しているところです。

しかし、残念なことは、事実関係が明らかにされず、たとえば、日本の国籍制度の今後とか、蓮舫さんの政治的責任の処理といった議論に進めず、事実解明をめぐる論争が続き、さまざまな可能性の指摘も続いています。とくに、これまで、私どもの指摘を蓮舫氏が否定されたにもかかわらず真実であったことが多くある以上は、現状の説明をそのまま真実として了解できないのは、遺憾ながら当然のことです。

このような状況は私たちの望むところでありませんが、事実関係は蓮舫氏がすでに持っておられるか容易に入手できる証拠書類とともに説明されることで容易に明らかに出来ることばかりです。

もし、蓮舫さんがこうした疑惑を追及する立場だったら舌鋒強く「なぜ証拠書類を出さない」と仰っていたであろう、と多くの国民が感じているところです。

とくに、

①国籍選択の日付の戸籍関係書類の開示による証明（されていなかったのなら9月23日に届けられたことを証明する書類）
②9月6日に台湾の代表処に出された台湾旅券を含むすべての書類
③9月23日に台湾の当局から受け取られた国籍喪失証明書

については、是非とも公開されたいところです。なぜなら、現状では、国籍選択をされたのか、本当に二重国籍状態は解消されたのか、蓮舫氏の一方的な説明に過ぎないからです。

私どもの質問の一部については、9月7日に質問をお届けしたところですが、あらためて、ほかの諸点とともにお届けし、当方への書面、記者会見、当方のサイトへの寄稿のいずれでも結構ですので、明らかにしていただくことを希望します。

とくに、当方のサイトでの自由な投稿の機会をご用意してきたし、

〈10月1日〉週刊誌が二重国籍解散の可能性を報じる

新聞・テレビでの蓮舫二重国籍報道への躊躇ぶりは相変わらずだが、政局への影響はじりじりと拡大している。

とくにこの週は週刊誌の政局報道で、プーチン訪日後に安倍首相が衆院解散に踏み切り、来年1月から3月の総選挙に踏み切るという観測が相次いだ。

〈10月3日〉国会・蓮舫劇場オープニング（衆議院予算委員会）

下地（幹郎）議員「二重国籍者は日本の旅券で出入国して北朝鮮など第三国に行けるのではないか？」

法務省局長「二重国籍者も日本では日本人として扱われるが、第三国では把握できない」

下地議員「組閣するとき二重国籍者かチェックするか？」

安倍首相答弁「自民党議員にはいないと考えている」

〔中略〕

下地議員「選択宣言は戸籍に記録される。離脱をやっていないかが問題になったが、選択もしてないのでは？　疑惑はしっかり証明しろ。オバマ大統領はアメリカ生まれか疑われて、自らハワイの保健所から出生証明を取り寄せて公開した。戸籍を出すべき。アメリカやカナダでは二重国籍の立候補には制限。日本は制限なし。制限すべき。国家公務員についての法律も出すべき」

足立（康史）議員「国対から（二重国籍は下地議員がやるのでやるなと言われているが15秒だけ私も取り上げた）。手続きには3段階。①国籍取得、②国籍選択で義務、③離脱で努力義務。もし、選択していなかったら『義務違反』で格段に重い。明日中に戸籍出すべき。これやっていなかったら嘘つきだ。私はうそつきと3回しか言わない」

〈10月4日〉謝蓮舫が村田蓮舫にKO勝ち！　動画が話題に

民進党代表選挙でも、ほかの候補者は、蓮舫候補を二重国籍問題で追及できず。ここは、蓮舫をKOできるのは蓮舫自身だけという声も……。そうしたところ、さまざまなニュース映像をつなぎ合わせて、蓮舫が蓮舫に証拠を出せなどと追及する形に構成した謎の動画が現れた。チャップリンを彷彿《ほうふつ》する21世紀の政治風刺動画として話題となった。

ここでは、その動画にあった何とも鋭い攻めに回ったときの蓮舫必殺名言をいくつか挙げておこう。この問題発覚以来の蓮舫の発言のいい加減さといかに好対照か。まさに「ブーメランの女王」にふさわしい。

「これ随分、マヌケな話だと私思います。これは違法じゃないですか？」

「いや、ちょっとよく考えてください。これ、まあいいじゃんというレベルのものではありません。この感覚に鈍感さに呆れるんです」

「あのー、まったく法律を自分に都合のいい解釈をしないでいただけますか？」

「認識しているんじゃないですか？　でも、認めると自分が法律違反していることを認めるから言えないだけであって／二転三転して、まったく整合性が取れていないということをちょっとご自身で整理されたほうがいいと思うのですが……」

「提案します。今からでも、法律違反の疑いのある御党の議員にちゃんと調査をして、そしてこれが問題がないのか、あった場合には議員辞職勧告を、私はするべきだと思いますがいかがでしょうか？」

〈10月4日〉蓮舫が9日に議員辞職しないと議席は6年間空席

7月の参院選で初当選した自民党の小野田紀美参院議員（岡山県選挙区）が、アメリカとの二重国籍状態であることを明らかにした。1982年、日本人の母親とアメリカ人の父親との間にアメリカで生まれ、岡山県で小中高校に通い、東京都北区議を務めた。2015年、参議院選挙立候補を前に、国籍選択手続きをしたが、米国籍離脱をしておらず、現在、離脱手続き中。また、国籍選択宣言を行ったことを示す戸籍謄本を公開した。

これを受けて、私はアゴラに以下のようなことを書いた。

大臣をつとめ、野党第一党から首相をめざそうとした重大性において、蓮舫氏とは比べものにならないが、議員としてとどまるべきかにおいては、同じである。ほかにいるかは、わからないが、東日本選出のアメリカ生まれの民進党の衆議院議員については、本人がその旨を吹聴していたという証言が多くあり、すぐにでも明らかにすべきだ。また、各党は少なくとも、外国生まれ、両親の国籍が違う議員については、戸籍書類の提出を求めて確認を行うべきだ。

参議院選挙区では通常選挙における当該選挙区の議員定数（改選議席数）の4分の1を

超えるとき（東京都選挙区、神奈川県選挙区、愛知県選挙区および大阪府選挙区で2人、それ以外では1人）にのみ補欠選挙が行われる。また、死亡・辞職・失格などで欠員が出たときは、3か月以内なら次点者の繰り上げ当選である。

つまり、蓮舫が10月10日以降に辞職した場合には、もう一つ空席が出ない限り6年後まで議席は空席になる。東京都民にとって参議院議員が一人減ることは、五輪などを控えてかなりの打撃のはずだ。その意味で、二重国籍をめぐる辞職であれ、衆議院転出であれ、辞職することは重大な損害を地元に与えるが、この視点が論じられないのはおかしい。

もう一つ困るのは、経歴詐称の問題で、10月9日までに辞職して次点者（田中康夫氏）に議席を譲り、6年間空席となる愚を回避する道義的責任がある。

小野田議員の場合は、蓮舫がやめるなら一緒にやめたほうが綺麗だ。なお、アメリカと台湾の違いだが、アメリカとなら良いということはない。同盟国とはいえ利害が対立することは多い。

〈10月5日〉有村治子議員の国籍問題の質問が絶賛される

有村治子議員（自民）の二重国籍問題についてのよく練られた質問が注目された。日本の法律でも国際的にも二重国籍は好ましくないとされていることがはっきりしたと思う。

以下は参院予算委員会でのやりとりの要約である。

有村議員「国際結婚のお子さんでは、よくあることです。その方々に対する、価値観を申し上げるわけではないことを冒頭に明確にして、質疑に入ります。日本は二重国籍など重国籍を認めていますか？」

金田（勝年）法相「わが国の国籍法は、重国籍の防止または解消を図るという立場を採っています。重国籍者については、国籍の選択を義務付ける、これは国籍法第十四条でございますが、義務付けるなどをしているところであります。そして、重国籍者は、いずれかの国籍を選択する義務があります。それにもかかわらず、期限までに選択手続きを行わない場合には、国籍選択義務に違反していることになります」

有村議員「重国籍を認めない法律の意図、その背景にある思想は、何ですか？」

金田法相「重国籍者は、同時に2つ以上の国家に、所属することになります。したがって、各国そのものに対する外交保護権の衝突といったようなケースによりまして、国際的摩擦が生ずる虞《おそれ》がある場合、あるいは、その者が所属する各国から課せられる義務が衝突する虞がある場合、兵役義務を負う一方の国で課すといったような場合であります。また各国が、重国籍に関しては、それぞれ自国民として、身分関係を管理をする結果、重婚が生ずる虞があるといった混乱が生じる虞があります。わが国の国籍法は、国籍選択義務、国籍選択の義務、これは国籍法第十四条でありますが、これをはじめとする重国籍の解消および防止の制度を設けています」

有村議員「この秋以降、急激に関心が強まった二重国籍については、国民世論の中でもさまざまな意見が出ております。たとえば、排外主義ではないか、排他主義ではないか、純血主義ではないか、差別ではないか、あるいは、他にも多くの二重国籍の人が居るんだからいいじゃないか、というような意見も出ております。少し感情論ではないかな、と。これらのコメントに私は違和感を感じます。二重国籍、もとより二重国籍の相手国や出身国への差別や偏見があってはならないのは当然の国際マナーであります。心ない感情的なヘイトスピーチも戒めたいものだと思います。その上で、私が思うのですが、やっぱり国籍の異なる夫妻の子供が、両親それぞれの言語や文化的教養を身につけて社会で多様性を発揮することは素晴らしいことだと私自身は思っております。／法務省に代表される日本政府は、重国籍の方が、国籍法に抵触するか、否かという法的コンプライアンスの視点で対応していると理解してよろしいでしょうか？」

金田法相「法務省としては、ただいま、重国籍を差別するものではなくということご指摘がございましたが、もちろん、そういう立場に立ちまして、そしてただいま述べたいくつかの理由によりましてですね、重国籍の防止、または解消を図る制度を設けております国籍法に従いまして、適切に対応をしているというところであります」

有村議員「すなわち、重国籍に対して、どう思うか？　という価値観を問うものではなく、国籍法に抵触するかどうか、ということが焦点になっていることを明確にしたいと思います。続けておうかがいします。重国籍を持っていた国民が、それゆえに困難な状況に置かれたということはあるのでしょうか？」

金田法相「やはり重国籍であることによりまして、困難があるというふうに承知をしております。繰り返しになりますが、具体的に言いますと、重国籍は、同時に2つ以上の国家に所属することになりますから、たとえば、日本国民である重国籍者が、他国の兵役の義務を負う可能性があります。その場合に、それぞれの国に対する義務が、衝突するという事態が考えられます。／そしてまた、重国籍者の身分関係に関してでございますが、本国法として、適用される法律が複数あるということになりますので、たとえば、国際結婚等の有効性を判断する場合に運用すべき本国法によって、有効とされたり無効とされたりすることがあり得るわけであります。このため、身分関係に混乱が生じたり、重国籍者本人が、不安定な状況に置かれることがあるということもいえると思います。したがって、以上の通りですね、重国籍であることによって、本人にとってさまざまな困難が生じうるものと承知をしております」

有村議員「たとえば両国間で戦争が起こったとき、どっちの国家に忠誠を誓うのか、ということも問題となってきます。あるいは、重国籍の方からお話を聞きますと、どちらの国に行っても外国人じゃないか、というようなレッテルを貼られるのは辛いという意見を聞いたことがあります。／次に国家公務員の資格についてうかがいます。人事院規則は国家公務員について、日本国籍を有するものでなければ採用試験を受けられないとしています。数ある国家公務員の職務の中でも、とりわけ外交官は、外務公務員法によって、日本国籍以外の国籍を同時に持つこと、重国籍であることが禁じられております。なぜ、このような規制があるのでしょうか?」

岸田（文雄）外相「外務公務員ですが、勤務地が世界各地にわたるため、その際に不都合が生じないような特例が必要です。また外務公務員の職務と責任は対外的、国際的であり、外国との関係で格段の注意を必要とします。このような事情から二重国籍者が、外務公務員になれないことを、国家公務員から切り分けて、外務公務員法で特別に規定をしています。不都合の例としましては、たとえば、外交官が、赴任国の国籍を有する場合、赴任国において、裁判権からの免除、あるいは不可侵、こういったものに制約が生じるといった可能性もある。このように考えております」

有村議員「けれども、そのような特殊性に鑑み、仕事をしているのは外務省職員から大使に至る方々だけだろうか？　外交官指揮命令系統のトップに立つ外務大臣の二重国籍を禁じる法律は現在ありません。国益と国益が正面からぶつかりあい、激しい心理戦、情報課報戦、多数派工作が日常に繰り広げられている外交のトップを成す外務大臣が、果たして二重国籍であっても務まるのでしょうか？　また二重国籍であっても外務大臣になれてしまう、なることができる、という現在の法制度について、どのようにお考えになりますか？」

岸田外相「ご指摘の通り、外務大臣は、この外務公務員法における外務公務員に当たりませんので、二重国籍を認めないという要件、適用されません。いまのこの日本の、この制度では、外務大臣を含め国務大臣の就任については、まず当然に日本の国籍を必要とする、このように解されています。そして、その上で、国務大臣、外務大臣をはじめとする国務大臣については、総理大臣が、内閣総理大臣が、任命するということになっています。よって、この日本国籍を必要とする、この要件の上に内閣総理大臣が、この適材適所の考え方から、誰をどういった大臣に任命するのか、これを判断する。こういった制度になっていると認識をしております」

有村議員「総理大臣が指名していれば、外務大臣が二重国籍にはならないとは、必ずしも論理的にはなりません。実際に総理の過去のご答弁では、閣僚を選任されるとき、指名されるとき、二重国籍かどうかということを、特段チェックしていません、という総理のコメントがあります。そんななかで、二重国籍の方が外務大臣にもなれてしまうというところに、国家機密を守る特殊性に鑑みての法的な脆弱性はないのでしょうか?」

安倍首相「有村議員のご指摘は、一理あると思います。外務大臣あるいは、副政務官も含めて、この問題は、議員がなるわけであります。総理大臣もそうでございますが、外交交渉は、まさに国益と国益がぶつかることになるわけでございます。そうしたことについて、果たしてどうだろうか?　となるわけでございます。しかし、これは、国会議員の資格でありますから、これは、まさに政府で、政府でこれは大臣だから、とかということで考えるのが、いわばそれが、大臣あるいは総理大臣に就任する国会議員としてどうか？　ということもございます。国会議員ということであれば、これは、国会議員の身分に関わることでありますから、国会において、ご議論をいただきたいと思うわけでございます」

有村議員「二重国籍の日本人でなくても、日本の外交官が担われる厳しい現実がございます。いまから12年前には上海にあった日本の総領事館で、中国と本国外務省とで通信を担当する電信員が、中国の情報機関の関係者と思われる方のターゲットになりました。おそらくは通信暗号上の解読の情報が狙われていたと思われます。／この日本人の外交官は、国を売ることはできないといって自らの口を封じるために自殺を図っています。そのくらい厳しい外交の現実を前に、やはりトップに立つ方が二重国籍でないということは、国民に対する忠誠の誓いだと思われますが、いかがでしょうか？」

岸田外相「外交に関わる者の厳しさは議員のご指摘の通りだと思います。そのトップに立つこの外務大臣という、その厳しい重たい責任を、しっかり自覚して、職務に取り組まなければならない。それはご指摘の通りだと考えます」

これを受けて、翌6日の蓮舫の記者会見での主なやりとりは以下の通り（産経ニュース

2016年10月6日より）。

――選択の宣言をされた時期はいつか。宣言したことが明記されている戸籍を公開する考えがあるか

蓮舫「国連の女子差別撤廃条約を受けて、わが国の国籍法が改正され、私は、母が日本人であって、未成年であっても、届け出をすることによって、日本国の国籍取得が認められた。私は日本国籍を取得した時点で、すべての事務作業が終わったと思っていた。ただ今回、いろいろご指摘があって、台湾籍が残っていることが明らかになったので、台湾籍の放棄を急ぎ、実際に籍が抜けたことになったので、区役所に届けたまでです」

――戸籍には選択の宣言をした日が明記されていると思うが、その点は確認しているか

蓮舫「極めて私の個人的な戸籍の件に関しては、みなさまの前で話をしようとは思っていません」

国籍選択の日付について、戸籍謄本を公開しないだけでなく日付も言わないと明言した。すでに国籍取得の日は公開し、その戸籍に記載されたもののコピーも示しているのだから、

まったく理屈が通らない（アゴラ投稿記事より）。

タレント時代の発言を検証

〈10月９日〉民進党が一般市民の蓮舫批判に圧力（アゴラ投稿記事より）

民進党にとって、蓮舫代表が二重国籍だったことや、本件について代表が事実に反する説明をし、真実を追及する側を誹謗中傷してきたことは、本人だけでなく公党として国民にお詫びすべき問題である。少なくとももう少し低姿勢であってほしい。

ところが、民進党が国民の批判や疑惑解明の動きを妨害するような動きを安易にとる事例があり、非常に気になる。

蓮舫代表の会見で「極めて個人的な戸籍の件について話すつもりはない」という発言をしている動画をツイートしていた人に対して、民進党が著作権を盾にして削除を迫ったという指摘がネットを駆け巡っている。

悪意のある編集をしていたわけではなく、ただトリミングをしただけの動画に対して神経質すぎるのは困ったことだ。

もう一つは、沖縄タイムスの記事によると、琉球大学教員のツイッターへの書き込みに対して民進党の県本部が大学にまで抗議し処置を要求したというのである。

「出自を偽り大臣まで務めた女工作員である。彼女のうそ偽りと裏切りは台湾と台湾人の自尊心や自意識をひどく傷付ける。日本政府は日台間の外交問題に発展する前にしかるべき対応を示すべきだと思う」「本質的な問題は、野党とはいえ、党首の座に二重国籍者、精神も魂も日本人ではない華僑を容認した『前例』である」といったことを書き込んだという。

たしかに、「女工作員である」というのは言いすぎで、「女工作員と言われても仕方ない」くらいにしておけばいいものをとは思う。ただし、国籍を隠していたとなれば、そういう疑いくらいはもたれても仕方ないのであって、過去の北京や台北の政府との接触について情報を積極的に公開すべきで、蓮舫代表がそれをしていないことこそ批判されるべきだ。しかも、それに続く内容は極めて真っ当だった。

しかし、ツイッターというSNSの世界で大手マスコミの記事と同レベルの慎重さを求めるのはいかがなものか。私など限られた対象のFacebook、反論権も十分に確保されているアゴラのような媒体（アゴラが蓮舫さんに対して常に反論の機会をオファーしてきたことはとても大事でフェアなことだと思う）、反論がただちにやりにくい活字として出るものなど、それぞれの媒体ごとにかなり気をつけて書いているが、一般市民なら少し筆がすべることくらいあるだろう。

そしてそれ以外の部分は、もちろん違う意見や受け取り方はあろうが、まっとうな政治的意見、あるいは、国民の健全な怒りの声にすぎない。

ところが、民進党沖縄県連（花城正樹代表）は9月26日、琉球大学（大城肇学長）に「県内にも多くの二重国籍の方々がおり、影響を考えると大学にも最低限の共通理解をお願いしたい」と再発防止を要請したのだという。

県連の清水磨男幹事長が同日午前、那覇市の県連事務所に訪れた琉大の小島浩孝副学長と三浦新総務部長に文書を手渡した（なぜ大学の方から出向いたのか不可思議だが）。

清水幹事長は「二重国籍イコール工作員ということで報じられた。教員の発言として、学生に対する影響力も大きいところもあると思う」と述べたという。

しかし、記事をどう見ても「二重国籍イコール工作員」などとこの人はいっていないし、記事にも書かれていない。

「党首の座に二重国籍者がつくこと」が問題だというのが二重国籍者一般を非難することにはならないし、「精神も魂も日本人ではない華僑」であるのは、蓮舫氏個人が過去の言動からそう言われても仕方ないというだけである。

そもそも、一般的に世界中で二重国籍を認めている国でも、アメリカが「支持しない」と言っているように、積極的に肯定的なのではない。

まして、木曜日の参議院予算委員会における有村治子議員の質問に対して、金田法相からも「わが国の国籍法は、重国籍の防止または解消を図るという立場を採っています。重国籍者については、国籍の選択を義務付けるなどをしているところであります」としている通り、二重国籍者に対して厳しい立場である。

二重国籍のままであれば、やむを得ない事情がない限り社会的に批判されるのは当然至極なのである。義務違反である二重国籍状態に対して批判的な評価をすることが過度でない限り許されないはずもない。

にもかかわらず、民進党県本部が、言語道断の抗議を行い、国民を愚弄した自党の代表を批判したことを、若干、言葉が過ぎた程度のことで、職場にまで圧力をかけてなんらかの対処を要求したとすれば、許しがたい言論の自由への弾圧と言われても仕方あるまい。

ところで、評論家の木村太郎氏が「僕はアメリカの国籍も持ってんの。僕スパイに見える？　二重国籍っていうと皆スパイ扱いされる。こういう風潮よくないいんじゃないかな」とテレビで話していたが、誰も二重国籍者がみんなスパイだと言っていない。法的義務に反している状態だから批判されているだけだ。

これより先に、ベトナムとの二重国籍のアナウンサーが自分の立場を擁護したことがあるが、法的義務に反した状況を容認したり、自分自身がそれを解消するために速やかな行動をとらなかったりすることは、マスコミ人にとって一般論として許されないはずだ。

〈10月15日〉蓮舫が国籍選択をしていなかったと認める（アゴラ投稿記事より）

蓮舫は15日に9月23日に都内の区役所に提出した台湾籍の離脱証明書が受理されなかったことを明らかにし、戸籍法に基づき「（日本国籍の）選択宣言をした」と述べた。ただし、いつしたかは、明らかにしていないが、産経新聞の報道によると、10月7日と党関係者は述べているという。

蓮舫は記者団に「不受理なのでどうすればいいかと相談したら、強く（日本国籍の）選択の宣言をするよう行政指導されたので選択宣言をした」と述べた。

国籍選択をしたが台湾籍の離脱をしていなかったとしても離脱に努めるという義務に理由なく反しているが、選択すらしていなかったとすれば、国籍法第十四条「外国の国籍を有する日本国民は、外国及び日本の国籍を有することとなった時が二十歳に達する以前であるときは二十二歳に達するまでに、その時が二十歳に達した後であるときはその時から二年以内に、いずれかの国籍を選択しなければならない」に違反していたことになる。

しかし、それ以上に重大なことは、2つの国籍のうち、日本国籍を優先させる、つまり、日本籍と中国籍（台湾・中華民国）のうち、日本を優先させるといういかなるアクションもとっていない、つまり、2つの国籍が優先順位なく同等のものだったということで、日本の国益を優先させる法的立場にないことを意味する。

今後は、台湾パスポートなど中華民国籍であることを利用したことがなかったか、蓮舫が自分で証明することが焦点になる。

〈10月17日〉タレント蓮舫の発言の数々は許されるのか（アゴラ投稿記事より）

蓮舫がうっかりでなく、自覚していたはずという状況証拠もいくらでもあるが、ここで論じたいのは、過去の二重国籍発言についてのモラルである。蓮舫が公式に、あるいは、党内でしている弁解は、2通りある。

一つは、「だった」と過去形で言ったのに、現在形で報道されたという話だ。しかし、それが一回だけならともかく、朝日新聞など影響力が強く、抗議すればきちんと直すだけのことで、しかもたび重なっていることは通常あり得ない。

もう一つ蓮舫がしている言い訳は、タレントやキャスターとしてハーフであることが売り物だったので、その延長線上で、二重国籍だと言ったのだという弁解である。

それはセールストークとしてあり得ないわけでもないが、産地偽装とかAOCなど公的機関の認定についての嘘みたいなものではないか。

もし嘘なら「父がアメリカと日本の半分、母が日本と台湾の半分」と言ったショーンK氏が芸能界を追放されたのだから、蓮舫もそれに近い重大な詐欺的行為をおかしたことになるのではないか。

〈10月17日〉野田幹事長が蓮舫代表を批判

《民進党の蓮舫代表が自らの台湾籍をめぐる説明を二転三転させている。野田佳彦幹事長は17日の記者会見で「一貫性に欠ける印象を与え、（蓮舫氏）自身を含めて反省している」と述べた。

蓮舫氏は9月の代表選中、「（日本）国籍選択の宣言をしたことで、私は日本人になっている」と明言していた。しかし、今月16日、宣言した日付を記者団に問われると、「10月7日です」と語った。9月の時点では宣言していなかったことが明らかになった。

蓮舫氏は戸籍法に基づく手続きについても説明を変えている。手続きは①外国国籍の喪失を届ける、②日本国籍の選択宣言を届ける――の2通りがある。

蓮舫氏は今月13日の会見では、①にのっとって「適正な手続きをしている」と繰り返した。だが、金田勝年法相が14日の会見で、①に関し「台湾当局発行の国籍喪失許可証が添付された外国国籍喪失届は受理していない」と発言。蓮舫氏は翌15日、①について「不受理とされた。受け付けてくれなかった」とし、②にのっとって「選択宣言をした」と説明を変えた。》（朝日新聞 2016年10月18日より）

〈10月19日〉アゴラが蓮舫へ第二の公開質問状を出す

10月15日に、蓮舫が国籍選択をしていなかったことを公表したのを踏まえて、アゴラ編集部ではそれを評価しつつ、第二次公開質問状を出した。

とくに、以下の書類の公開を要求した。

①10月7日にされたという国籍選択後の戸籍謄本

②9月6日に台湾の代表処に出された台湾旅券を含むすべての書類

③9月23日に台湾の当局から受け取られた国籍喪失証明書

④「法定代理人を含めやりとりし、法務省から（国籍法）違反に当たらないとの考え方を文書でいただいた」という文書

また、書類の問題でないが、次の点についての見解を新たに明らかにするように求めた。

①戸籍謄本を見れば容易に知ることができるはずの「国籍選択をしていないこと」に気がついたのはいついかなる経緯だったのでしょうか。

②過去の自分が二重国籍であるとの発言は、結果的には真実だったわけですが、もし、蓮舫さんが言うように虚偽であると主観的に信じながら発言していたということになると、タレントおよびキャスターとして許されない経歴詐称を意図的にしようとしていたことになりますが、その道義的責任についての見解は？

戸籍を公開しないので、二重国籍を解消したかも不明

〈10月19日〉蓮舫、議員資格喪失の危機

この日、「議員資格を剥奪される可能性も」とした刺激的な記事が『日刊ゲンダイ』に掲載された。

《〈国籍選択をしていなかったことを違法とする法相見解に対して〉国会議員の資格は憲法44条で「法律でこれを定める」とされ、公職選挙法で「日本国民が被選挙権を持つ」と定められている。問題は、国籍法に違反していたことが、この資格要件に抵触しているかどうか、であるが、「二重国籍とはいえ日本国籍を有していたから『是』」とする考えと、「国籍法に違反していたから『否』」とする考えで、解釈の分かれるところだ。

で、そういう時のために「憲法55条　議員の資格争訟」がある。〈両議院は、各々その議員の資格に関する争訟を裁判する。但し、議員の議席を失はせるには、出席議員の三分の二以上の多数による議決を必要とする〉というもので、蓮舫のケースでは、参議院が審

理・判断することになるのだ。

つまり、自公や維新などが実際に争訟に持ち込み、採決で3分の2の可決となったら、蓮舫は議員資格を剥奪されてしまう恐れがあるのである。》（日刊ゲンダイ２０１６年10月20日より）

〈10月28日〉蓮舫、二重国籍問題で刑事告発

以下は夕刊フジでの報道である。
《民進党の蓮舫代表の「二重国籍」問題が、新たな局面に突入しそうだ。女性団体が28日、蓮舫氏が国籍選択を25年以上放置してきた「違法性」に絡み、公職選挙法違反などの疑いがあるとして、東京地検に告発状を届けるというのだ。〔中略〕
「立法府の人間が平気で違法状態を続け、真実を隠して当選してきたことは、有権者への裏切り行為に他ならない」》（夕刊フジ２０１６年10月29日より）

〈10月30日〉蓮舫はまだ二重国籍状態の可能性が高まる

以下は私がフェイスブックに投稿した記事である。

池田信夫氏が蓮舫さんがいまもって二重国籍状態に違いないと指摘している。私も可能性はあるもののまさかと思っていたが、どうも、その可能性がかなり高まってきたようだ。違うというなら、蓮舫さん個人でなく民進党として責任を持った対応をすべきだ。

池田氏が指摘しているのは、蓮舫さんが《14条にのっとって手続きを行っていると。立法趣旨にのっとって、（国籍法の）14条2の前段の部分で届け出をしている。最終的にその前段の部分は完遂はしていない。》（産経ニュース２０１６年10月27日より）と言っているのだが、これを日本側の手続きというのは不自然で、台湾側の手続きでないか。

しかも、手続きを始めたのが9月6日だから、普通2か月以上かかる台湾の国籍喪失がまだ終わっていないはずであるし、台湾の総統府公報で「謝蓮舫」の国籍喪失記録を検索すると、まだ手続き中と出てくるという。つまり民進党党首は、いまだ、蔣介石の国に忠誠を誓う国民の可能性がかなりある。

第5章　謝家の男と女三代の物語

魔都・上海（1937年）でドラマは始まった

蓮舫は民進党代表選のための臨時党大会における決意表明で、台湾のお祖母さん、陳杏村が命名に当たって「蓮」の字に込めた思いを「ハスの花は平和の象徴。ハスの花の船をいくつもつないでいけるよう、台湾の祖母が『蓮舫』という名前をくれた」と美しく語った。

しかし、この陳杏村は、戦前には「魔都」といわれた上海で謎の大富豪となり、戦後は日本と台湾のバナナ貿易を支配した政商で、国会でも政界に汚い利権を導入しているとして公明党の黒柳明氏から疑惑を追及された相当な女傑である。

物語は、盧溝橋《ろこうきょう》事件を発端に、日中戦争が始まった1937年の上海で始まる。日本軍のもとで欧米の租界が解体され、汪兆銘の南京政権（1940年成立）、蔣介石の重慶政権、それに延安の共産党政権が競合して怪しげな陰謀が入り乱れていた時代だ。李香蘭が上海で活躍した時代で、川島芳子はこの頃は華北にあって上海にいたのはもう少し前だ。

陳杏村は1910年台北生まれで、台南市近郊出身の謝達琳と結婚した。2人の子で蓮舫の父である謝哲信は1932年生まれだが、達琳は1934年に死去しているようだ（蓮舫のツイッターに出ていた墓の写真から確認できる）。

そして、陳杏村は東京の洋裁学校で学んだあと、どうしたわけか1937年の上海に現れて煙草の販売権を得て財を成した。1937年は日華事変の年であり、いわゆる南京事件はこの年の12月の出来事である。のちに日本軍に戦闘機2機を寄付したというのだからボロ儲けしたのだろう。

それから1945年の終戦まで上海にいたわけだが、その途中には南京に汪兆銘政権が立てられている。この汪兆銘政権については、まだ、どのような人物がどう関わったか、十分に解明されているわけでない。また、共産党との裏でのつながりもありそうだが、もう少し時間がたたないとオープンにはならないだろう。

一応、関連したとおぼしき人物を挙げれば、その成立の中心工作は、谷垣禎一元自民党総裁の祖父である影佐禎昭陸軍中将、お目付役の特派大使は小宮山洋子元厚生労働相の祖父である青木一男、財政顧問は福田赳夫元首相だ。

当時の上海には近衛文麿首相の長男である文隆もいたが、国民政府要人の娘と交際して、その手引きで重慶に向かおうとして憲兵隊に捕まり、日本に呼び戻された。戦後の政界フィクサーになった児玉誉士夫もいた。アヘン取引も軍の工作資金調達の主要な手段の一つだったといわれる。

上海では日本が獲得した利権管理会社である中支那振興が創立され、その実質的なトップになったのは皇后陛下の外祖父である副島綱雄（元江商上海支店長）だ。副島は大正時代に上海にあり、皇后陛下の母親である富美子さんも上海育ちだ。

中国側では、江沢民元中国主席の父親が宣伝部の副部長だったといわれる。

共産党との関連は意外だが、そもそも二重スパイのような人も多かったし、戦後、蔣介石政権が汪兆銘政権関係者を厳しく処断し、その発行した紙幣と重慶政府のそれとの交換レートを極端に不利に設定したりしたので、それが共産党政権成立の主要な原因の一つになった。

いずれにせよ、大富豪だったわけでもない20代の若く美しい子連れで台湾生まれの未亡人が、突然上海に現れて謎の女実業家として大成功し、軍に戦闘機を2機も寄付したとなれば、怪しいなどというレベルではあるまい。煙草がアヘンと近接した物資であることに注目する人がいてもそこに飛躍はあまりないが、もちろん可能性の推測でしかない。

《1945年、日本軍が降伏したのち、陳杏村は売国罪で起訴されたが弁護士に弁護を頼んで仮釈放となり、台湾に帰った。台湾当局の裁判所は当時の社会的事情に迫られた事、国民党の地下工作と関係があった事の理由から『陳杏村売国事件』に無罪を言い渡した。》（中国情報サイト・サーチナ２０１０年6月14日の記事より）

要するに何らかの形で保険をかけておいたということなのかもしれない。

そして、台湾に蔣介石が大陸から逃げてくるのだが、蓮舫自身によれば、陳杏村は《蔣介石が来るまで台湾の貿易のすべての権利を持ってたのに、国民党がなだれ込んできたために大陸に逃げたんです。それからまた日本へ逃れたらしいんです。》（『週刊宝石』１９８７年9月18日号より）ということだ。

これは究明すべき大事なことだ。大陸へ一度逃げて、そこから日本を経由し、また、蔣介石と話をつけて台湾へ戻った。その間に北京政府ともやりとりがあったはずだ。いかにもどろどろした国際的な謀略の世界だ。

戦後、陳杏村が狙いを定めて政商ぶりを発揮したのは、日台間のバナナ貿易だった。バナナは需要が多いにもかかわらず国内のほかのフルーツを圧迫することなどを理由に輸入制限されていたが、昭和38（１９６３）年になって輸入自由化が発表された。そのため、自由化で業者が乱立し、輸入競争が激化した。

そこで、カルテルを結んで安定させようとして、昭和40（1965）年に設立されたのが「日本バナナ輸入組合」だ。この組合の初代理事長には砂田産業の砂田勝次郎氏が就任したが、彼は神戸市を地元とする自民党の代議士で文部大臣などを務めた砂田重民氏の兄弟だ。そして、謝哲信の親友だったというライフコーポレーションの創業者である清水信次氏も常務理事としてこの団体の設立に関わっている。

この一連の動きに台湾側の窓口として暗躍したのが陳杏村であり、その息子の謝哲信らだった。これは、昭和41年11月1日に参議院農林水産委員会で「黒い霧・台湾バナナ事件」として取り上げられている。そのなかに以下のような注目すべき言葉がある。

質問したのは公明党の黒柳明参議院議員、答弁は主として三木武夫通産大臣だ。

「かつて日本が台湾バナナ輸入を自由化した当時から、国民政府によって輸出総量の50％の割り当てを与えられて、わが国の国内バナナ輸入業者に対して絶大な支配力を持っておる、こういう人が陳杏村」

「陳杏村氏の令息に当たる人で謝哲義と謝哲信、こういう人がおります。今度は息子さんのことですが、それぞれ砂田という日本人商社名をつけた多数のバナナ輸入会社を実質的に支配し、任されております」

「この駐日弁事処は、日本の業者がかつて輸入バナナ一かごに何百円というリベートを持参しなければ台湾バナナを輸入しない、そういうようなことでリベートを取って、外為法違反容疑で警察から取り調べを受けた事件がある」

つまり、黒い霧として警察が調べたり、国会で追及されたりしたが、立件されなかったわけだが、陳杏村が関わる台湾側の組織が、日本の輸入業者からリベートを取ったり、政治家にペーパーカンパニーをつくらせて実質的に支配したりすることで、莫大な利益を上げていたと疑われた事件だった。

そして、輸入業者に本人や家族が関連している政治家としては、小泉純也、河野洋平、吉武恵市、砂田重民、大竹平八郎、蓮実進がいると名前が挙がっていた（すべてが陳杏村と関連しているということではない）。

私たちは、たとえば岸元首相と外国との関係についてかなりの情報を持っており、その人脈が現代にまで影響を残しているとして注視している。ならば、蓮舫が安倍首相の対抗馬になりたければ同等の情報開示が必要だろうし、まして、17年間外国人で31年以上二重国籍者だったなら必要性は格段に高い。

しかも、以上に書いたことだけ見ても、濃厚に闇の世界につながっていたらしきことがわかる。

ポケットに300万円入れて銀座で豪遊していた蓮舫の父

今度は蓮舫の父母についてである。これについては、『婦人画報』（1997年12月号）に蓮舫からの聞き語りをまとめた詳細な記事がある。ホラが含まれているかもしれないが、少なくとも、蓮舫側は事実と違うなら嘘を言っていたことを謝り、反証を揃えて訂正を申し出るべき話だから、そのまま書いておく。

蓮舫は、台湾人（中華民国籍）の貿易商である謝哲信と日本人の母・斉藤桂子の間に1967年に東京で生まれた。母方の父親は製紙会社の下請け工場を経営していて「たいへん羽振りがよかった」そうだが、51歳で亡くなっている。

桂子はその後「ミス資生堂」に選ばれ、資生堂美容部員として活躍した。当時の資生堂美容部長はその後参議院議員となった藤原あきである。桂子は東京で亡夫から受け継いだ貿易会社を経営する一方、飲食店（昼は定食屋、夜はスナック）を営む。

そんな桂子が出会ったのが謝哲信だった。彼は同志社大学を卒業したあと、母親である陳杏村のビジネスを、東京を拠点に手伝っていた。

バナナ輸入の権益を手にして儲け、ホテルニュージャパンに住んで、毎晩、200万〜300万円の札束をポケットに銀座で豪遊していたと蓮舫は言っている。桂子も銀座で遊び歩いており、そこで謝哲信と出会って結婚した。

そして長男が生まれ、その10か月後に蓮舫が生まれ、1歳半下の弟もいる。3人とも幼稚園から東京の青山学院に通い、蓮舫はそのまま青山学院大学法学部を卒業した。

蓮舫の幼少期については、彼女の証言は見当たらないが、5歳くらいの1972年に陳杏村は死去したようだ。そして、両親は祖母の事業を引き継ぐためか台湾で生活するようになる。とくに、バナナ農家との関係維持が大変な仕事だったという。このあたりは蓮舫の著書『一番じゃなきゃダメですか？』に詳しい。

しかし、兄弟は東京に留まり、お手伝いさんや母方の祖母と生活し、夏休みになると2か月ほど台湾で暮らし、主に当時、台北で唯一といってよい超高級ホテルでいまでも台北のランドマークになっている圓山大飯店（当時の経営者は蔣介石夫人の宋美齢。台湾神宮の跡に建てた）で暮らしていたそうだ。

どんなタレント活動をしていたのか

まだ中学生だった13歳の頃から蓮舫は、雑誌『POPEYE』などでモデルの仕事をしていた。青山に学校があって、金持ちでおしゃれであのエキゾティックな美貌だからスカウトには声をかけまくられていたことだろう。

このアルバイトを自立心の表れとして両親は前向きに受け止めたと蓮舫は述べている。しかし、本格的な活動は大学在学中にクラリオンガールになってからだ。アグネス・ラムの人気が沸騰《ふっとう》してから、クラリオンガールは大変な難関で、蓮舫も一度は落選したそうだ。応募の動機は、人気車だったフェアレディZを買いたかったからだという。

その後、セクシーなグラビアモデル路線を展開していた時期もあるが、これは少なくとも政治家として名誉なものではない。

アメリカ大統領選挙戦の共和党指名争いのなか、テッド・クルーズ陣営が対立候補のドナルド・トランプのメラニア夫人がモデル時代に撮ったセクシー写真を公開して賛否両論だったが、こうした問題でも、「彼女がファーストレディになってもいいのか」といった議論がされ、有権者の判断材料の一つともなっている。

　まして、蓮舫の場合は本人であるから、未来の宰相を目指そうという人物の品格として適切なのかどうかという真摯な議論はあって当然だ。なぜなら、もし蓮舫が首相になったら、世界中で写真が拡散されて、日本のイメージに影響することは間違いないからだ。

　芸能人の水着写真など珍しいものではないが、ことさらセクシーな要素を強調しないことが多いし、ヌードであっても芸術性の高い映像なら、納得する人はいるだろう。

　フランスのサルコジ前大統領の夫人であるカーラ・ブルーニは有名なモデルだったが、2008年になってからモデル時代に撮影したヌードが出回り、大変な騒動となり、大統領夫人にふさわしくないのか立派なアートなのかで論争があった。

　しかし、当時の蓮舫のグラビア写真は「アート」というような上品なものではない。

　また、幼稚園から大学まで青山学院で学んだお金持ちのお嬢様のことだから、お金に困ってとか、騙されてなどであるはずはない。将来、それなりのコストを払うリスクも承知の上で、高いギャラと有名になりたいがゆえに自分で選んだ選択なのだから、批判も甘んじて受けねばなるまいし、コストも払うべきだ。

　グラドルとして人気が出て、しかも、青山学院大学法学部出身の才媛であるからテレビも放っていなかった。最初はバラエティ系だったが、やがて報道に転身した。そのあたりからの事情は、『週刊文春』２０１０年4月29日号の記事がもっとも詳しい。主たる材料に使っていきたい。

《バラエティ時代の共演者やスタッフは今では、「局の廊下で会っても、彼女は知らん顔。蓮舫は、報道に移ってバラエティ時代の人脈を切った」と感じている。〔中略〕

「最後の収録が終わった後、ガダルカナル・タカとダンカンが、『蓮舫、ここで有名になったのに、俺たちを踏み台にしたな！』と怒鳴ると、彼女は『文句があるんだったら、たけしさんに言いなさいよ』って言い返したんです」（芸能プロマネージャー）

実は、蓮舫氏が報道に進むきっかけとなったのは、ビートたけしの一言だった。桂子さんが明かす。

「たけしさんは蓮（蓮舫）の恩人です。たけしさんが、『蓮舫はお笑い番組なんかに出ている場合じゃない。もっとキチッとした社会派番組に出ろよ』って背中を押してくれたら、たまたまキャスターの話が来た。今も毎年、たけしさんの事務所にバナナを送っていますよ」〔中略〕

93年4月、蓮舫氏はニュース番組「ステーションＥＹＥ」（テレビ朝日系）でメインキャ

スターに抜擢された。》（週刊文春２０１０年4月29日号）

台湾出身なのに北京へ留学

蓮舫はキャスター転身後、名古屋の東海テレビの情報番組でコンビを組んだジャーナリストの高野孟氏から紹介された村田信之氏と93年8月に、知り合って4か月で結婚した。村田氏は田原総一朗氏のアシスタントをしていたこともある。田原氏は蓮舫を「娘のような存在」と言ったことがある。

翌年4月には最愛の父親を肝臓がんで失い、翌々年には、夫婦揃って北京大学へ語学留学に旅立った。中国人と結婚して世界で活躍したいと言っていたこともある蓮舫だが、この結婚が日本の政治家への道につながる。

国際派ジャーナリストとして活躍したいということと、「父が暮らした中国」を見たいということだったようだ。なぜ台湾を選ばなかったか。蓮舫は、父親の親戚や友人が多すぎるし、日本語がけっこう通じてしまうことを理由に挙げている。

このときは、日本人としてその旅券で留学したという。夫婦でだからそうなのだろうと思う。ただ、当時の中国では多くの分野で外国人価格があり、台湾・香港・澳門同胞には、その中間の価格が設定されていたのを当時、通商産業省の中国担当課長などとしてしばしば中国へ行っていた私も覚えている。たとえば、外国人2000円、台湾・香港・澳門同胞1000円、中国人500円といった具合だった。そういうとき、果たして、台湾同胞としての立場を使わなかったのだろうか。とくに、月に夫婦で2万円もあれば暮らせたと言っているが、どうだろうか。

《だが、留学先の北京大学では、持ち前のトークが思わぬ災いを呼んだという。

「中国人教授が、授業中に日本を軽視するような発言をしたために、蓮舫氏が噛み付いた。かなり激しくやりあったために、中国当局が、スパイ容疑で蓮舫夫妻を一時的に拘束したというのです。日中間で関係者が動き、数日後には解決したらしい」（政界関係者。蓮舫事務所は「事実ではありません。中国当局に確認ください」と回答）》

本当なら頼もしいが、蓮舫事務所が否定しているのだから違うのだろう。

《その後、妊娠した蓮舫氏は予定を早めて日本に帰国し、男女の双子を出産した。しかし、彼女を待ち受けていたのは、テレビ界の厳しい現実だった。

「97年に帰国すると、蓮舫の入り込む余地が無くなっていました。彼女のポジションは麻木久仁子さんらに代わっていたのです。テレビ局側としては、蓮舫はタレントとして旬が終わっているという評価でした」（芸能プロ関係者）》

民主党からの立候補と仕分け問題

《04年、蓮舫氏は父親の遺言に背き、参院選に出馬した。政界に誘ったのは高校時代からの友人で民主党衆院議員の手塚仁雄氏だ。〔中略〕

「私は彼女と同じ目黒区で生まれ育って、家が近いんです。最初は鳩山（由紀夫）さんが『比例区で』と声をかけたのですが、放ったらかしにした」》

このあたり、仙谷由人、菅直人、簗瀬進などの関与を指摘している人もいるし、高野氏の活躍や、田原氏の後押しも語られている。

《「その後、東京都連の選対委員長だった私が、東京の二人目の候補者として、比例区ではなく選挙区で立ってもらおうと交渉を始めたのです。気心が知れた相手でしたが、このチャンスは絶対に逃さないという気持ちで取り組みました。でも、かなり難航しましたよ」

蓮舫夫婦の意見がまとまらなかったのだという。

「夫は『金もかかるし票集めのタレント候補になるだけ』と反対でしたが、本人は『選挙資金は二、三千万の貯金があるから大丈夫』と乗り気だったようです」（政界関係者）

母親の桂子さんが当時の状況を説明する。

「鳩山さんと菅（直人）さんが自宅に来て、最終的な交渉には仙谷（由人）先生が出てきた。その後すぐに自民党からも話が来た。私は『落ちたらみっともない』とそればっかり言っていたね。どうせ出るなら自民党の方が良いと思ったけど、蓮は『先に来た方を選ぶ』と言って、結果的には成功だった」》

《「お父さんが生きていたら、蓮は政治家になっていないでしょうね。『政治家にだけは絶対になるな』が、謝さんの遺言でしたから。謝さんは政治家を使って仕事をする『政商』で、政治の表も裏も知っていた。〔中略〕だから、蓮が『政治家になりたい』と言ったとき、私は腰を抜かしましたよ」》

父親の謝哲信を「政商」と位置付けているところに注目したい。

《知名度を生かして初当選を果たした蓮舫だが、その後のメディアの評判は芳しくない。政治家が多く出演する番組になぜか出演しようとしないのだ。〔中略〕

新聞記事にも注文をつける。政治部記者が話す。

「記事では『タレント候補と書かないで』と言うんです。セミヌード写真集の過去もＮＧで、自分の過去をも仕分けています。車中取材では、後部座席に座った蓮舫氏が足を広げてふんぞり返っていましたし、二年前に禁煙するまでヘビースモーカー。かつてのイメージが崩れました」》

たしかに、かつてお世話になった人に冷たいと言う人は多い、このあたりは、井戸を掘った人を大事にするはずの華人らしからぬところだ。

２００９年、鳩山由紀夫内閣の下で内閣府が設置した事業仕分けの文科省事業仕分けの際、「仕分け人」として次世代スーパーコンピュータ開発の事業削減を決定し、「世界一になる理由は何があるんでしょうか？　２位じゃダメなんでしょうか？」が話題になった。

この発言について、ノーベル賞受賞者などから批判され、野依良治氏は「まったく不見識であり、将来、（蓮舫を含む仕分け人は）歴史という法廷に立つ覚悟はできているのか」、利根川進氏も「〝世界一である必要はない〟と語った人がいるが、１位を目指さなければ２位、３位にもなれない」、鈴木章氏からは「研究は一番でないといけない。〝２位ではどうか〟などというのは愚問。このようなことを言う人は、科学や技術をまったく知らない人だ」と蓮舫を批判した。

そして、この発言は二重国籍が発覚したことで別のニュアンスを持って受け取られることになる。「二重国籍で何か不都合があったのかと言われれば、中国人が中国が一番で日本は二番で何が悪いと言っただろう」という批判はそんなに無茶なものではない。

交友関係が原因で閣僚から外れる

2010年に発足した菅内閣において、内閣府特命担当大臣（行政刷新担当）に就任。菅改造内閣では引き続き内閣府特命担当大臣（行政刷新担当）に留任した。

2011年6月に閣僚ポストを退任し、内閣総理大臣補佐官となったが、同年9月に発足の野田内閣において、内閣府特命担当大臣（行政刷新担当）に返り咲く。「新しい公共」、少子化対策、男女共同参画、国務大臣として「公務員制度改革担当」などにも就任したが、2012年1月の野田第一次改造内閣発足に伴って退任した。

このときの退任はスキャンダルも理由と見られた。それ以前から「公設秘書の強制わいせつ問題」や、ファッション誌『VOGUE NIPPON』に特集として国会議事堂の中央階段などで高級ブランド服を着たポーズをとっている自身の写真を掲載したことも問題にされていた。不動産を所有していないと資産報告をしたが、豪邸をファミリー企業が所有し、そこに問題の多い企業が同居しているなどとも言われた。

２０１１年9月29日、『日刊ゲンダイ』は「またスキャンダル！　蓮舫大臣脇が甘すぎる　覚醒剤逮捕の元社長と交際」と題した記事を掲載した。同様の記事は多くあるので突出したものではないが、私にも真相はわからないし、そのスキャンダルは本書での私の中心的な興味ではないため、過去の経緯として紹介するにとどめる。

《2度目の大臣に返り咲いたばかりなのに、蓮舫行政刷新相は大丈夫か？〔中略〕交際の相手は、覚醒剤所持で逮捕された不動産会社「ダイナシティ」の元社長。マンション業界の風雲児と呼ばれ、芸能界や政界との交友も盛んなヤリ手だったが、覚醒剤に手を染め、05年、懲役3年、執行猶予5年の有罪判決を受けている。

蓮舫は、同僚議員の手塚仁雄首相補佐官から、逮捕前の元社長を紹介され、親しく付き合ってきた。今月21日には、麻布十番の高級割烹店で元社長と会合していたのを写真週刊誌に撮られている。

「問題なのは、元社長が執行猶予中も付き合いが続いていた疑いがあることです。蓮舫さんは08年にブログで『知人に誘われ、青森のねぶた祭りに行ってきました』とつづっている。この知人は、青森出身の元社長とみられます。手塚補佐官も一緒にねぶたに行っていました」（民主党関係者）》（日刊ゲンダイ２０１１年9月30日より）

２０１２年、野田第一次改造内閣発足により大臣を退任したことについて、中国政府系の中国網日本語版（チャイナネット）は「蓮舫氏　不倫疑惑で辞任」と題し、《野党議員から国会内で追及され、蓮舫氏はこの社長との交際があったことを認めたが、不倫ではなかったといっている。》（２０１２年1月13日より）と、なぜか、いささか飛躍した推測の報道をしていた。

政治家のこの種のプライバシーを報じることはタブーだったのに、当時の宇野宗佑首相について、『サンデー毎日』編集長だった鳥越俊太郎氏が、国際的な日本人の恥と決めつけて報道、掟破りをした。都知事選挙のときに同様のしっぺ返しを受けたのは皮肉だった。

アメリカ大統領選挙では候補や兄弟、夫人、子供の不祥事は大きな話題になる。韓国では大統領の家族は任期終了後にも追及され、逮捕まであることが珍しくない。子供が兵役を海外に留学して忌避《きひ》した、外国の永住権を取っていると批判の対象にされる。ところが、日本では情報開示や議論すらタブー視されているのは、はっきり言っておかしい。

日本では政治資金ばかりが問題とされるが、自分や家族のビジネスの事業内容が問題にされないことのほうが非常識なのである。

それが、まして国際的な広がりを持つとすれば、看過できない問題であって、そうしたことをすべてチェックした上で、責任を持って民進党は代表に選ぶべきだった。そして、これから首相を目指そうというなら、身体検査は当然のこととされねばなるまい。

「金スマ」で家族のプライバシーを公開して炎上

蓮舫はＴＢＳテレビ『中居正広の金曜日のスマイルたちへ』（２０１６年11月18日放送）で、寝室までカメラを入れて自宅の豪邸を公開し、双子の19歳の娘（ニュージーランド在住）と息子（ロンドン在住）も堂々と名前も顔も出した。そこで、夫の村田信之氏はペット以下と紹介したので、波紋が広がった。

娘もスタジオにまで登場して女子アナに興味ありとＰＲした。これでプライバシーに踏み込むなとか、子供たちがいろいろ言われて残念などと言えたものでない。

家庭内の序列を、蓮舫がトップで、子供たちが次で、ペットが続き、お父さんはその下と説明。結婚記念日とかプロポーズの言葉についてダンナが答えていたのに対し、蓮舫、

「そんなのいちいち憶えているなんて窮屈な生き方ですね」とおっしゃる。

夫の扱いについては、男女逆でも、あるいは中国人の夫を日本人の妻が同様に語っても人権侵害と言われそうだし、娘の就活を政治家が公共の電波でしているみたいなもので、ネットやスポーツ紙で炎上する羽目になった。

第6章

「帰化政治家」のアイデンティティ

首相もパリ市長も帰化人だが、フランスへの忠誠がウリ

私は1980年から2年間、ジスカール・デスタン、シラク、オランドなど歴代大統領も卒業したENA（フランス国立行政学院）に留学していた。ENAの入学試験が公務員試験にあたり、その合格者を各省庁にすぐに配属せずまとめて訓練し、その卒業成績順に好きな役所に行ける仕組みだ。

もちろん、外国人学生は別枠なのでその意味では気楽なものだが、フランスの高級官僚としての訓練を濃密に受けた。そのときの留学記が『フランス式エリート育成法』（中公新書）であり、私の物書きとしてのデビュー作だ。

そして1990年から3年間は、パリJETROの産業調査員という当時の通商産業省がアメリカとヨーロッパに派遣していた遊軍的な立場で、ヨーロッパの政治経済情勢を調査する仕事をしていた。ちょうど東西ドイツが統合した直後で、ソ連が崩壊したり、マーストリヒト条約が結ばれたり、湾岸戦争が戦われた時期だ。

フランスの官僚ならこの問題をどう見るかというスキルは、ENAで身につけた上に、

勤務でヨーロッパの政治家・官僚、アナリストなどと交流するなかで磨いた。駐在員時代にパリで長男が生まれたので、国籍問題はわが家の問題でもあった。

そのフランスで２０１４年に、マニュエル・ヴァルスが首相に、アンヌ・イダルゴがパリ市長に就任したが、いずれもスペイン生まれだった。

日本では保守派の人が「フランス人は物好き」と戸惑う一方、左翼系のメディアでは日本におけるコリアン系の政治参加が不足という意味で日本は遅れているという観点から取り上げていた。しかし、いずれの方も見当外れと思ったので、私はフェイスブックで「帰化人の政治家について日仏事情を比較」として、以下のように書いている（２０１５年3月16日より）。

フランスの政界は帰化人だらけです。ヴァルス首相はバルセロナ生まれで父親がフランコ政権に反対する活動をしてフランスに移住し自身は20歳で帰化しました。バルトローヌ下院議長はイタリア、イダルゴ・パリ市長はスペイン、ベルカセム教育相はモロッコの出身。ペルラン文科相は元・韓国人孤児でフランス人の養子です。サルコジ前大統領はハンガリー移民とユダヤ系ギリシャ人の子で、バラデュール元首相はアルメニア、ベレゴボワ元首相はウクライナ移民系です。

日本でも本人や親が帰化人という政治家が増えるのは大いに結構なことです。ただ、隠すのは間違っています。蓮舫さんや白眞勲さんのように公表している人はいいのですが、隠している人も多くいます。公表すべきですし、マスコミも報道すべきです。ネットでは真贋まちまちの情報が出回っていますが公表しないからそういうことが起きるのです。

また、外国系の政治家は日本への愛国心の有無や忠誠、歴史認識について自分の意見を表明すべきです。ヴァルス首相は自分を首相にしてくれたフランスへの感謝を常に語っています。サルコジ前大統領はフランスへの愛と誇りを教えてくれた人々への感謝を、バルトローヌ下院議長はフランスの国是への共鳴と情熱を熱く語ります。蓮舫さんや白眞勲さんは尖閣や竹島や慰安婦問題についてきちんと語っているでしょうか? 外国系であることを隠すことは認めるべきでないし、また、法律上は言わなくてもよくても公表しないなら政治家の資格はないと思います。

ヴァルス首相は、バルセロナ生まれで父親がフランコ独裁政権に反対する活動をしてフランスに移住し、自身は20歳で帰化した。当時は義務だった兵役をフランスで果たすためにこの時期を選んだのだろう。二重国籍者などでもそうだが、兵役を果たすことは、その国の国民として生きる何よりも強い意思表明だ。

母親はイタリア系スイス人だ。人気は高く大統領候補とも一時はいわれたのだが、思わぬところに落とし穴があった。

2015年、ヨーロッパ・サッカー連盟のプラティニ会長（イタリア系フランス人）からスペインのクラブチームであるFCバルセロナが出場した欧州チャンピオンズリーグ決勝戦に招待された。首相は公用機で子供2人を連れて開催地のベルリンに出かけたのだが、これがフランス国内で非難囂々となり、それ以来、人気は低迷気味だ。

もちろん、公用機に子供を乗せたのも問題だったが、移民が自国の大統領候補といわれることへのフランス人の複雑な気持ちが表面化した事件だった。

首相はバルセロナ出身で、父の従兄弟がバルサの応援歌を作ったそうで「自分も家族もバルサファン」を公言していた。本人はフランスとスペインの親善のために良いと思ったのだろうが、そうは認めてもらえなかった。

すでに書いたように、フランスではほかにも多くの外国系の政治家がいる。それは、それぞれに厳しい立場をフランス人として認められるために血の滲《にじ》むような努力をしてハンディを克服してのことだ。日本のように「ハーフって格好いい」なんて甘い気分は存在しない。

女性のペルラン前文化相は生後3日でソウルの路上に捨てられ、孤児院に預けられて育ったが、フランス人夫妻の養子となり、ＥＮＡ出身の高級官僚から政界入りした。閣僚になった当時、韓国のマスコミが、彼女は韓国系であることをはやしたてたところ、自分はフランス人だといささか迷惑そうだった。

外国系でなくとも、ジスカール・デスタン元大統領はドイツのコブレンツ（ライン川とモーゼル川の合流点）で生まれたが、両親はフランス人なのに、ことあるごとに親独的な姿勢から「ドイツ生まれの大統領」と揶揄《やゆ》された。

ヨーロッパの歴史では、ルイ14世のときにマザランというイタリア人の宰相がいたが、やはりイタリア生まれということで反発は強かった。また、ヒトラーはオーストリア人だったが、第一次世界大戦でドイツ軍に参加したのち無国籍となり、のちにドイツに帰化した。

公務員でも外国系の人は多い。私がジェルス県庁で研修生だったときの副知事はアルジェリア出身。独立戦争時に現地人抜擢でフランス側に採用された人で、それをフランス政府公務員として採用したのだった。

日本は朝鮮や台湾のそういう人たちを見捨てたのだが、フランスは引き取ったのだ。もちろん、アルジェリアとフランスの間で複雑な思いもあるし、難しい立場に個人的にも公的にも立たされてきた苦労を私にも語ってくれた。そして、フランスに対する忠誠を明らかにすることで周囲から認められていたわけである。

そのときの会話が、私が本格的にこうした問題に関心を持ったきっかけである。その後、外国系で社会的に高い地位に就いている人に会うと、質問をいろいろした。こういうセンシティブな問題に正面から切り込んだ質問をできるのは外国人の特権だ。だから、私のこの問題についての知識は付け焼き刃ではない。

サミット歴代参加者全員が生まれながらの国民

「二重国籍はいけないが、生まれながらの国民でなくても首相になってもよい、それに反対するのはレイシストだ」と言う人がいる。もちろん、日本国憲法で帰化人、国籍選択者にも平等になる権利があるわけだから、それを法的に否定する理由はない。しかし、だからといって、ノーチェックで問題なしとしなければならないわけではない。

それでは、国際的常識において、どうなっているかといえば、新しくできた国でない限り、生まれながらの国民でなく、そこの国民としての意識を持って育ったわけでない政治家が政権のトップになることは極めてまれである。

少なくとも、1975年に開始されたサミットの参加首脳について言えば、解釈が難しい一人を除いて全員が生まれながらのその国の国民である。少しややこしいと言ったのは、1984年にピエール・トルドー首相の辞任にともなって3か月だけ在任したカナダのジョン・ターナー元首相で、イギリスでイギリス人の父とカナダ人の母との間に生まれ、幼少時に父が死去した後、母とともにカナダに移り、母はカナダ人と再婚したので、カナダ人の父母の家庭で育っている。当時は「カナダ国籍」というものが存在せず「イギリス連邦国籍」であったために、判断しようがないのである（1948年のカナダ国籍制定でカナダ国籍を授与されたが、英連邦籍は放棄できない規定になっており、こちらの国籍も残ったままだ）。

アメリカでは生まれながらの国民でないと大統領になれない。ヘンリー・キッシンジャーやアーノルド・シュワルツェネッガーの「出馬」も噂されたことがあるが、彼らにはそもそも資格がなかった。

ケニア人留学生と白人女性の間に生まれたオバマ大統領（2017年1月離任）について、本当にアメリカ生まれなのかと追及があったし（生まれながらのアメリカ人でないと大統領になる資格がないので）、両親はアメリカ人だがカナダ生まれのクルーズ上院議員について、トランプ陣営は大統領になる資格があるか問題にしていた。

二重国籍については認めているところでも、他の国籍を行使することに制限を加えていることがあるし、政治家や公務員になることを禁止しているところも多い。蓮舫の母国である台湾では李慶安という女性議員がこのために辞職に追い込まれた。

インドネシアでも2016年の8月にタハル・エネルギー鉱物資源相がアメリカとの二重国籍の疑いで罷免《ひめん》された。韓国では子供がアメリカの永住権を取ると父親の政治的立場は著しく悪くなるし、習近平主席は幹部の子弟などが海外に留学したり在住したりしていることを好ましくないとして厳しい取り締まりに乗り出している。

ペルーのフジモリ元大統領はペルー生まれだが、実は移民船上で生まれたのであって、資格がないのではとさんざん疑惑を追及された。また、日本との二重国籍を隠していたので、それが発覚したときには非難囂々、人気は暴落した。

なぜ、そういう現実になっているかと言えば、まず、国家のトップに立つ者は、過去も現在も未来も、意識の上でその国にだけ忠実であることが望まれるからだ。

次に忘れてはならない観点は、外国の実質的な支配下に入ることへの防波堤になるからだ。日本の天皇はいわゆる万世一系であり、ほかにいくらふさわしい人がいるからといっても替えられない。だからこそ、天皇は統一と独立の守護神たりうる。

同じように、外国がどこかの国を実質的支配下に置こうとした場合、「その国の首相は生まれながらのその国の人からしか出せない」となっていれば、傀儡《かいらい》政権を作り上げるのは、かなり面倒なことになるだろう。そういうことが古今東西、一つの国が独立を維持する上で強い防衛力になってきたわけで、その効用は馬鹿にしたものではない。

橋下徹氏が「選挙権は日本人にこだわるが、被選挙権や大臣になることは、その事実が公表されておれば、国民が選ばねばいいのだから、こだわる必要ないのでは」と言っていたが、例外的な局面の可能性を等閑視《とうかんし》しているのではと気になった。

こうした「効用」を論じることは、少なくとも人権問題ではない。生まれながらの大統領を要求するアメリカ憲法が国際的な人権規約に反するなんぞという話は聞いたこともないし、アメリカ人のほとんどがこの憲法の規定の継続を支持している。

この問題について、違う意見の人があってもよいが、生まれながらの国民でない人が首相となることには強い拒否反応があるというくらいでちょうどいいのでないかと思う。

蓮舫については、二重国籍であろうがなかろうが、日本に愛着も忠誠心も持っていそうもないという点で私にとっては論外なのだが、もし仮に、同じ台湾人でも李登輝さんがアメリカではなく日本に留学して、そのまま帰化して「日本の首相候補」になったとしたら、そのとき、日本人はどう考えただろうか。「李登輝さんは人間的にも申し分ないが、しかし……」と、悩む人が多いのではなかろうか。

こうしたことを〝頭の体操〟として考えるのも有意義だと思う。「反日」だとか「レイシスト」などという単細胞型のレッテル貼りから一歩進化した議論をしたいものだ。

私がＥＮＡに留学していたとき、フランス人学生向けの卒業面接試験を傍聴していたら、「パリオペラ座の監督にイタリア人を任命したことの是非」がそのテーマだった。このあたりはＥＵ統合の進化などでだいぶ意識は変わったが、古くて新しい問題なのである。

フランスでは２０１７年の大統領選挙で、オランド大統領の不出馬により、スペイン生まれのヴァルス首相にチャンスが少し出てきたが、彼のウリはフランスへの忠誠と、イスラム原理主義へのかなり厳しい姿勢だ。

郷土愛はOKで愛国心はNGとはどういうことか

2016年7月の東京都知事選の候補として蓮舫が話題になったとき、私はアゴラなどで「首都・東京に『元外国人の女性知事』というのも、スペイン出身のイダルゴ・パリ市長を思わせ、日本のイメージ向上につながるかもしれない。ただ、日本文化への愛着とか、日本国家への忠誠を、もっと示すべきだ」と書いた。

しかし、私がそういうことを書いたら、「帰化人だからといって特別に愛国心や忠誠を問うべきでない」というコメントをいただいた。しかし、これはまったく驚きだった。

地域社会でも企業でも、よそ者や途中入社組が忠誠心を問われ、新参者が地域や会社を愛していると決意を述べることを求められるのは当たり前だからだ。もちろん、新参者だからというだけで排除するのはいかがかと思うが、愛情や忠誠を質すのは普通のことだ。

地方選挙で、地元出身者ではない人が出馬したら、選挙にあたっても、就任してからも含めて、事あるごとに「第二の故郷」への愛着を語り、骨を埋めて頑張る覚悟を誓う。

民間企業でも途中入社の社員が、高い地位に就こうと思えば、生え抜きなら黙っていてもよい場面で、愛社精神を持っていることをことさらに強調しないとやっていけないと思う。あるいは、よほどのことがなければ、社長には生え抜きの社員が好ましいという会社が多いのは、普通のことだ。

それは良くて、帰化した人などに同じことを要求してはいけないのだろうか。

日本の自称リベラルは、不思議に「郷土愛はOK、愛社精神もOK、愛国はNG」らしい。少なくとも近代国家において郷土も会社も大事だが、それ以上に国家が大事なのは常識だ。

単に保守政権が気に入らないから日本人が国家を大事にするのをやめさせたいだけなのだと思う。岡田克也は民進党代表時代に、「安倍首相のもとでは憲法改正を許さず」と言ったが、誰がやっているかでダブルスタンダードになることは恥ずかしい。

私の考え方は、繰り返し書くが、世界の常識からして、日本はもっと移民を受け入れて彼らが社会的に指導的な地位を占めるようになってよいが、彼らは日本人としての国民意識をしっかり持つべきだし、また、出自を隠すべきでもないし、日本国家に対する忠誠心や日本の文化や社会に対する愛着を問われるべきだということだ。とくに、政治家はそうだということだ。

出自を問題にすることを「バーシズム」と言って欧米では排撃されているなどと生半可な知識で語る人がいる。しかし、そんなことを言う前に、まず、出自を隠すなどということがあり得ない欧米での実態を正しく知る必要がある。

その上で、ヨーロッパでなら左派的、アメリカでならリベラルな人が、保守派より相対的に多様性を重んじるべきだという意味で、行きすぎたバーシズムからの脱却を主張しているのが正しい理解である。一切そういうことを問うべきでないと言っているわけではない。

オバマ大統領も、彼が本当にアメリカで生まれたのか、父親や父祖の国や信仰からの影響を受けないかと言われて、そんなことを回答する必要はないと言わず、誠実に回答して疑念を晴らしてきたのである。

ハワイ州出身の上院議員でダニエル・イノウエという政治家がいた。欧州戦線に志願し、重傷を負い、英雄としても尊敬された人だ。彼は日米貿易摩擦が激しかった頃、反日の最強硬派だった。そうでなくては生き残れなかっただろう。ようやく晩年になって長老議員として大事にされるようになってから、日米友好に前向きになった。それが普通だと思う。

欧米で当然とされている出自についての関心や、外国系の市民であるがゆえに要求される忠誠心の証を日本人も控えめながら求めたら、それすら許しがたいバーシズムの発露であって、日本はおかしいと言われる筋合いなど毛頭ないし、そんなことを主張するのはデマゴーグだ。

しかも、その一方で、ヨーロッパの左派系の人は、キリスト教の伝統的な価値観からの自由を主張するのと同様に、イスラム教の社会観に嫌悪を持ち、排撃しているのである。

「二重国籍議員はほかにもいる」

連合の神津里季生会長が「二重国籍の国会議員はほかにもいるのでそんな問題じゃない」と発言した。法律に反していることをどうでもいいと言うのは、公序良俗に反することだ。

二重国籍議員については、当てずっぽうの噂はいろいろあるが正確なところはわからない。民主党某氏が、最近まで「自分は二重国籍」と吹聴していたという話も耳に入っているが、それもただのホラ話かもしれない。

このほかに十数人いるのではないかと民進党の馬淵澄夫代議士が語ったことがあるが、

それは「疑わしいのが」という意味でないかと思う。彼らが国籍選択などをしていなかったら二重国籍ということで調べればすぐわかることだ。だいたいは、両親の国籍が違うハーフと、出生地主義を採る海外の国で生まれた人に限られるからだ。

しかも、たとえば外交官の子弟は外交官の地位を定めた「ウィーン条約」で例外になっているから関係ない。民進党の柿沢未途代議士は、父親で大蔵官僚だった柿沢弘治・元外相がブリュッセルの大使館に赴任していたときにベルギーで生まれているが、それによってベルギー国籍が生じることはない。

戦前の日本では、選挙が実施されたのは、北海道や沖縄は内地より遅れてだったし、朝鮮や台湾では将来の実施が約束されたにとどまった。ただ、朝鮮籍の人も台湾籍の人も内地に住んでいれば参政権は持っていたし、日本籍でも外地にいた人には参政権がなかった。当時、朴春琴という人が東京府4区から衆議院選に立候補し、1932年と1937年に当選して帝国議会代議士になっている。

また、貴族院には朝鮮や台湾出身の人もいた。台湾の財界トップで北京との交渉窓口トップだった辜振甫《こしんぽ》氏の父である辜顕栄氏もその一人。以前、私は彼と食事をしたときに「五十音順で近衛文麿の隣の席にいた」と聞いたことがある。

戦後に帰化した政治家としては新井将敬氏が有名だが、先般の参議院選挙で三選した白眞勲氏もいる。そのほかに、野党有力議員も帰化したときの官報告示がよく知られているが、本人は公表していないのでなぜかマスコミもそれを論じない。

そのほかに、膨大な人数の政治家が帰化人でないかとネットでは書かれているが、ほとんどは嘘だと思う。戦前に朝鮮籍の人が日本籍に変えることは難しかったから、祖父や曽祖父が戦前に日本人名ならだいたい開国以前から日本人だったと見てよい。

それに対して女系で外国人の血を引いている人はかなりいると思われるし、なかには、極めて高い地位に就いた人もいる。また、配偶者が外国人の人も多い。

いずれにせよ、少なくとも政治家や一部の公務員については、外国とのこうした関係はオープンにするのが国際的常識で、それを隠せるようにしているから疑心暗鬼が広まっているのだと思う。

とくに嫌なのは、日本人は知らないが出身国では把握しているとか、出自を知っていることをタネに脅迫を受けたり、工作の対象となったりするのもありうることだ。

蓮舫は自衛隊最高司令官たりうる存在か

アメリカの大統領選挙を見ていると、候補者の適性を論じるなかで、かなりの部分が「アメリカ軍最高司令官たりうるか」という観点に割かれていることがわかる。

日本ではアメリカに比べても文民統制が極端であることは言うまでもないから、自衛隊最高司令官として、あるいは海上保安官の指揮者としての首相の責任は極めて大きい。

まして、近年尖閣諸島周辺には、中国の公船や漁船が何百隻も押し寄せて挑発行為を繰り返している。習近平がそれを命じなくとも、軍が前線の判断として軍事行動に出る確率は低くない。現在の中国が戦前の日本に似ていることを強く危惧している。

そんななかで、日中が全面戦争にならなくとも、小競《こぜ》り合《あ》いくらいが起きる可能性は小さくない。そんなときに、領有権の問題で曖昧な発言をしたことがあり、名前はいかにも中国人で、日本人としての誇りが微塵《みじん》も感じられない人物が最高司令官になったとしたら、命を懸けて領土を守らねばならない自衛隊、そして海上保安庁の人たちはたまったものでない。

私は蓮舫が総理を自ら目指すことがダメだと言ってはいない。ただ、忠誠度が曖昧な帰化人を国の最高指導者とするのに躊躇を感じるのはごく普通の考え方である。

私は、少なくとも彼女が間違いなく日本だけの国籍なのか、日本人としての誇りはあるのか、日本国家にあくまでも忠実なのかだけは証明すべきだったと思う。

それは民進党の代表になってから蓮舫自身の責任で話せばよいという問題では絶対にない。民進党が彼女を代表に選ぶというなら、彼女が日本の首相、つまり、自衛隊最高司令官にふさわしいと確信を持てるまでしっかり身体検査をしてからにしてほしかった。

また、蓮舫に対する抵抗感が希薄なのは、彼女の父親が大陸でなく台湾出身だということもありそうだ。しかし、蓮舫は北京に留学していたし、政治的にも台湾寄りの発言などしていない。台湾人より華人としての意識が強いと言って間違いはあるまい。

逆に言えば、蓮舫はこうした懸念を払拭するためにも、自分が大好きな日本をあえて選んだ理由や経緯を証拠を揃えて説明し、もし日中が不幸にして争う羽目になったら、ただ一つの祖国である日本のために命を懸けることを宣言すべきである。

さらに、日の丸や君が代を大事にしている姿を見せ、伊勢神宮など日本の心の故郷を積極的に訪れてほしい。靖国神社への参拝など、多くの懸念を吹き飛ばすのに大いに効果があるだろう（誤解なきように書いておくが、私は現状において首相などの参拝に賛成ではない）。

蓮舫はダルビッシュ投手を見習え

蓮舫は結局のところ、国籍選択をしなかったのだから悩みもしてなかったのだろうが、こうした問題について真面目に悩んでいた有名人というと、いまメジャーリーグで活躍しているダルビッシュ有投手がいる。

お父さんは息子にイランの国籍を選ぶことを期待していて、本人が思案しているといった記事を見たことがあったのだが、その後どうなったかと思っていたら、地元の大阪（羽曳野市出身）で母であるダルビッシュ・セフィット・郁代さんが在日コリアンの方との対談の中で、息子の国籍選択について語った記事を読むことができた。

《夫は父親として非常に厳しい人で、完璧主義で、服装やしつけもうるさかった。それだけに、当時は有も反抗することが多かったですね。しかし最近になって変わりました。つい最近日本国籍を選択したのですが、22歳になるギリギリまで選択を延ばしていたのは、父親への気配りだったのですね。「自分は半分イランの血が流れているのだし、お父さんを尊敬している。お父さんの国を大事にしたい」と言ってくれたんです。あんなに嫌がったイランや、反抗した父親のことをそう言うのです。人間として成長したなあと感激しました。》（大阪市・大阪市人権啓発推進協議会『多文化共生社会をつくりましょう！』２００８年３月より）

ダルビッシュ投手は、イラン国籍の選択を望むお父さんの気持ちに配慮しつつ、22歳まで待って日本の国籍を選択したようだ。

野球だけの人生を送ってきたはずのダルビッシュ有が持っている〝国籍観〟と、青山学院大学法学部を出てキャスター、政治家で、いったい二重国籍を解消したかどうかもわからない謝蓮舫の〝国籍観〟はあまりにも対照的だ。

第7章　「蓮舫」はファーストネーム

ファーストネームだけで政治活動するのは異常

蓮舫というのは本名で「蓮」がファミリーネームで、「舫」がファーストネームだと思っている人が多い。しかし、蓮舫はファーストネームだ。

中華民国単独国籍だった17歳までは謝蓮舫、法律改正によって日本国籍を取得して二重国籍になって謝蓮舫と斉藤蓮舫、結婚して謝蓮舫と村田蓮舫とのダブルネームになっている。もし、彼女が主張するように2016年9月23日に台湾籍の離脱が完結しているのなら、その時点で村田蓮舫が唯一の氏名になっているはずだ。

国会議員選挙は芸名など通名で出馬することが認められているので、選挙活動は蓮舫でよいが、参議院議員としての正式名は村田蓮舫である。大臣としては法律執行に基づく書類では村田蓮舫であり、それ以外は蓮舫としている。これは、扇千景さんが本名の「林寛子」と使い分けたのと同じ原則だ。

しかし、そもそも蓮舫はファーストネームだから、扇千景とかアントニオ猪木などのように氏名の形になっておらず、イチローなどと同じで、普通の通名とは違う。ファーストネームだけの通名で選挙に立候補する人がいるというのは、法令の想定外で本来はおかしいのだ。少なくとも総理になるとしたら芸名、それもファーストネームだけというのは奇異だ。

同時に、この蓮舫という名で押し通していることは、日本的な名前を避けたい強い意向があるという印象は否定できない。

というと、アメリカ大統領のオバマはどうだと言う人がいる。オバマ大統領の名はバラク・フセイン・オバマ。フセインやバラクはアラビア語と近接したスワヒリ語の名前で、バラクはムバラクと同じ。イスラム的と言えばそうだが、キリスト教の名前と違って、もともと聖職者の名前というわけではない。宗教上の有名人と同じというだけだ。いずれにしてもこれは本名であり、父親は幼子のバラクと母親を捨ててケニアに帰ってしまったあともそのままの名前を使っているだけなのだから、「意図的で挑戦的」な印象はない。

しかし、それでも反対派からはこの名前が揶揄の対象になり、本当に生まれながらのアメリカ人か、イスラム教と本当に絶縁しているのかと追及されることも多い。ハワイの病院での出生証明を公開したり、父親は熱心なイスラム教徒ではなく無宗教に近かったと語ったりするなど防戦に努めているが、かなりのハンディになっている。反論する必要はないと開き直れる問題とは認識されていない。きちんと説明して初めて問題なしとされているのであって、そこを間違ってはならない。

そして、仮に彼が、あえてバラクとかフセインとかだけの名前をペンネームと芸名として使い、政治活動上の名もそれで通したらかなり挑戦的と受け取られただろうし、そんな名前で大統領になれたはずはないではないか。

日本の首相を目指すなら、せめて「村田蓮舫」で活動を

蓮舫は日本国籍取得時、名前を日本風に変えることは可能だったたし、それは実際に彼女自身が2010年4月22日号『婦人公論』のインタビューで語っている。

役所の窓口で「本当にこの字で、この名前でいいんですか。いっぺんで、日本人でないことがわかりますよ」と言われ、これについて「この国の法務を司っている人の中に、こんな考えの人がいるとは。なんて悲しい人なのか。名前はアイデンティティです。日本の文化はなんて閉鎖的なのかと感じました」と話して、蓮舫の名にこだわったことを説明している。

私はそれがいけないとはまったく思わない。ただ、政治家としてやっていくなら、世界中どこでもプラスにはならないだろう。

中国風の名前を維持したら、世界の華僑と良い関係を結べるし、日本風の名前にしたら、日本が好きで日本人になりたいと見られるだろう。生き方として、ハーフであることを押し出すか、日本人になりきったことを強調したいかは本人の選択だし、人生における他の選択と同じようにいいとこ取りはできないというだけだ。

ちなみに、私のフランス生まれの息子は、パリ第16区区役所への出生届（フランスではこれが戸籍に当たる）にはジュリアンというミドルネームがついているし、日本の戸籍では省いている。

これだって、父親としてはいろいろ悩んだ末の結論だ。将来、海外で活動するなら、公式の裏付けがあるジュリアンという西洋風の名前を使えると有利だろうと思ってつけたし、日本名では長たらしくなって実用的でないので省いた。

しかし、デメリットもある。ミドルネームがあると面倒な説明を求められることはあるらしいし、日本の戸籍にそのミドルネームがないから使ったら使ったで面倒も起きるらしい。一方で、西洋人が喜んでくれるメリットはあるようだ。

そういうことだって、親としてはいろいろメリット、デメリットを考えて決めたことだから、デメリットがあっても怒りなどしない。また、駐仏日本大使館領事部の職員がいろいろメリット、デメリットを説明してくれたことで腹を立てたりもしなかった。

ところが彼女は、蓮舫というタレント活動の芸名にして、あえて斉藤蓮舫にせず、中国語のファーストネームだけを使って華人であることを前面に出す決断をした。そして、国会議員となってからも村田蓮舫としないのは、やはり華人としての意識の強さを押し出した生き方をしているわけで、メリットもデメリットもあるのは当然だ。

ツイッターのアカウントでは renho_sha（謝蓮舫）を使っていることと、そのことについての彼女の言い分は第4章で紹介した通りだ。フェイスブックはもともと「蓮舫（謝蓮舫）」だったが、最近「蓮舫」のみに変わった。

これを別に反日的だなどと決めつけるつもりは毛頭ないが、自分は中国系のルーツを持つが、日本が好きで日本人であることを選び、日本の愛国者だと言いたいのであるとすれば（そんなことをおっしゃったことは私が知る限り一切ないが）、わざわざ日本的なものを忌避することもあるまい。

もしも日本人の父、中国人や韓国人を母として生まれ、出生時に「日本人・鈴木百合子さん」だった女性がその後、母親の国籍を選択して李百合子さんになったとしよう。彼女が向こうの政治家になって選挙のときに「百合子」だけで押し通し、通名でも「李」という姓を使わずに「百合子」だけにし、SNSで「yuriko_suzuki」と名乗っていたとする。その李百合子さんが、もし母の母国である中国や韓国の主席や大統領になることを望み、その実力があったとしても、彼女が「百合子中華人民共和国主席」とか「百合子韓国大統領」であることを両国民が受け入れることは絶対にあり得ない。

これまで参議院議員としては問題とされなかったことが、なぜ民進党党首や首相としてはダメなのかと言う人もいるが、やはり首相は天皇陛下に次いで、日本を代表する「顔」なのだから、一議員の立場とは違っていて当然だ。これを機に、せめて本名の村田蓮舫一本でやっていくと宣言することを勧める。民進党の人たちもそれを勧めるべきだ。

制度論として、選挙や政治活動における名前としては本名に限るべきだ。もちろん、若干の予告期間は必要だが、１年程度の予告期間で、一律に断行すればよい。

ケンブリッジ飛鳥と謝蓮舫の違い

リオデジャネイロ・オリンピック、400メートルリレー決勝で日本チームが2位になるというサプライズがあった。アンカーはケンブリッジ飛鳥選手だった。ジャマイカ人の父と日本人の母の間に生まれた彼は、ジャマイカ生まれの大阪育ち。現在の法律では二重国籍だったのが、日本国籍を選んだということだろうか。

詳細はネットでは出てこない。日本名はケンブリッジ・飛鳥アントニオ、ジャマイカ名はアスカ・アントニオ・ケンブリッジとウィキペディア英語版には書かれている。飛鳥アントニオ、略して飛鳥という名を親がつけて使っていてくれる。

同じ帰化人でも、亡くなった新井将敬代議士は、たまたま娘さんにケンブリッジさんと同じ飛鳥という名を付けていた。蓮舫の子供の名は前述の通り、翠蘭と琳だ。琳はアキラでなくリンと読ませている。

もちろん、日本的な名前にばかりこだわっているわけではないが、それなら別のところで日本人としての誇りとか愛情とか証などを示してほしい。まったくそうしないのが不思議だ。

孫正義さんだってソフトバンクで海援隊の旗印をロゴに使い、近代日本国家への愛着をそれとなく示してくれているのは、なんだかウレシイものだ。

欧米はそもそもが移民国家だから、当然いろいろな言語の名前があるが、読み方だけは英語風とか、同じ語源の英語名などにするケースが多い。アルザス出身の指揮者で、生まれたときはドイツ人、第一次世界大戦でフランス人になって、ボストン交響楽団で活躍したフランス語名シャルル・ミュンシュは、ドイツではカール・ムンクだったし、アメリカではチャールズ・マンチと呼ばれていた。

スミスさんというアメリカ人は、多くはドイツ系シュミットさんだ。オランダ系のルーズベルト大統領は、もともとはローゼンベルツ、ギリシャ系のアグニュー副大統領はアナグノストプロス、ジーンズを発明したリーバイスさんは、フランス人レビさんだ。

やはり帰化したら、まったく日本名にしなくても、何がしか、日本風のものを入れてもいいのではないか。ラモス瑠偉だっていいのである。

余談だが、在日コリアンの知り合いが帰化するときに名前をどうしたらいいか相談を受けた私は、「もとの名前にゆかりがある日本語名」を勧めている。なぜなら、世界中どこでも、外国語風の名前は長続きしないからだ。

今回のEU離脱騒動のなかで、イギリスのボリス・ジョンソン外相の先祖がトルコ人だということが話題になった。ケマルという名字で、オスマン帝国の高官だった。しかし、ボリスの祖父が母親の名字であるジョンソンを名乗った。

中国人や韓国人は、西洋風の通名を使うことが多い。アグネス・チャンは、本名は陳美齢（広東語でチャン・メイリン）、日本名は金子陳美齢（かねこチャンメイリン）で、アグネスはカトリックの洗礼名だ。

移住先の国の名前にしたほうが何かと円滑だというのは、世界中どこでもそうなのであって、日本が特殊だと言うのは誹謗中傷だ。

むしろ最近、帰化する人がもとの名前にこだわるべきだと言う人が多く、そうする人が多いのだが、私は賢明でないと思う。

たとえば、金さんがそのままの姓を維持したがったとしたら、「いまは両親はそのほうを喜ぶが、何世代かしたら日本人の配偶者の名前に変えたりする可能性が強いから、金田さんなどにしておいたほうが結局は将来ともに韓国名の痕跡が引き継がれていいですよ」と私は勧める。

ちなみに私は、夫婦別姓の問題も含めて、「名前」は、正式の名前と通名をきちんと登録・公開して分けたらどうかという意見だ。夫婦別姓はミドルネームや複合姓を認めれば解決する。現在提案されている、いかにも中国や韓国のやり方に従ったような夫婦別姓には反対だ。

ヒラリー・ローダム（旧姓）・クリントンというように、村田＝謝・蓮舫とか、村田＝謝・蓮舫＝花子などにしたらいいのだ。それは、少子化で家名断絶、祭祀引き継ぎ不能が続出している事態を改善するという意味でも結構なことだ。外国系の人が元の名前を残すのにも役立つ。もちろん、普段は通常の氏名を使えばよい。

話は変わるが、かつてフランスで勤務しているときに、フランス人スタッフのカトリーヌ・エルノー（仮名）からこんな相談を受けたことを思い出す。

「日本人のボスは私のことを『マダム・カトリーヌ』と呼ぶし、隣のマリー・ルイーズ・エルノー（仮名）のことを『マドモワゼル・マリー・ルイーズ』と呼ぶんだけど、これには本当に困っている」と言うのだ。

「フランスではファーストネームにマダムとか、マドモワゼルは絶対につけないの？」と質問すると、

「使うのは、女衒とか娼婦くらい。『マダム・クロード』っていう売春組織の元締めが逮捕されたニュースを知っているでしょう。ああいうときだけよ。うちのボスも悪気はないらしいんだけど、『マダム・カトリーヌ』とボスが言うたびにみんなが笑うから、それとなく教えておいてほしい」

英語の場合にこうした呼び方が同じように女衒や娼婦のイメージに直結するかは知らないが、少なくともファーストネームにミセスやミスはつけないし、よく似たニュアンスはあるようだ。

東南アジアなどでは普通のビジネスマンでも使うことはあるようだが、欧米ではない。

第8章　蓮舫への台湾人の複雑な気持ち

蓮舫は台湾も〝裏切った〟!?

民進党の代表選を前にして、蓮舫と民進党幹部は奇妙な説明をした。「蓮舫の中華民国籍は中華人民共和国の国籍法によって無効になっているので二重国籍でない」というものだ。

「『一つの中国の原則に基づき』中華人民共和国の国籍法によって台湾（中華民国）の国籍は無効になったので、中華人民共和国や台湾（中華民国）当局がどう認識していようが、台湾の戸籍が残っていようが、パスポートなどを発行したことがあろうがなかろうが、日本の法律上は日本国籍のみが有効で二重国籍などでない」ということらしかった。

この法解釈が百歩譲って正しいとしても、日本人の既婚者が外国に行って結婚し、それはその国の法律上は有効でも日本の戸籍法上は無効だから重婚でないと言うのと同じ理屈で、ナンセンスそのものだ。

それなら、中国人も台湾人も日本での国籍選択のあともう一つの国籍を離脱する必要はないと市区町村の窓口で言われることになるが、そんなことはない。目的に応じて「二重国籍」の定義はなされるべきで、何の意味もない話だ。

蓮舫擁護派は、二重国籍問題では基本的には政治倫理が問われているのであり、処罰の対象となるかどうかは副次的な問題であることをすり替えて、罰則がないから法律に反してもよいなどと言葉の遊びに走ったが、この台湾人無国籍論はその典型だった。

それ以上に驚くべきは、もともと台湾人であるはずの蓮舫が、北京側の解釈に基づいた「一つの中国原則」を持ち出し、台湾の人々の国籍についても中華人民共和国の国籍法が適用されるという極端な法理を語ったことである。

大陸の人も台湾の人も、国籍はサンフランシスコ講和条約以来、変わることなく「中国籍」と日本政府は表現している。

そして、その中国籍は現実には北京と台湾の当局がそれぞれ発行していることを受け入れたもので、戸籍以外の在留カードでは「国籍・地域」として北京は「中国」、台北は「台湾」と書かれている。そして、概念的に中国籍がすべて中華人民共和国の管轄下にあるのかどうかは、あえてぼかして、現実にはないことを前提とした運用がされている。

これに対して、台湾の政府や人々は北京の管轄下にないことを明確化せよと運動をしている。ところが、二重国籍騒動を乗り切るために、蓮舫はあえて、北京の側に立った教条主義的な極端な「一つの中国」論を展開したということだ。

蓮舫は、『週刊ポスト』（2000年10月27日号）によると《私は帰化しているので国籍は日本人だが、アイデンティティは「台湾人」だ。》と述べている。

祖父は台南市白河区の生まれで戦前から台湾にいる、いわゆる「本省人」であり、蒋介石と一緒に本土から来た外省人とは区別される。しかし、このところの彼女の言動を見ると、台湾人というより華人としての意識が優先している。

すでに紹介した、子供に中国人らしい名前をつけたことについてのインタビュー（114ページ参照）では、「子供が世界に旅立つときに、華僑、華人、仲間がたくさんいることを感じてほしかったのです」といった具合だ。そして今回の事件で、台湾の人々を裏切る暴挙によって、ネット上では「二重国賊」などという強烈な批判もある。

台湾の人々の反応は微妙だ。もちろん、一般的な感情として、台湾人ハーフの蓮舫が日本の大臣にまでなったのは誇りであり、民進党の代表にもなったのもうれしかったという。だから、台湾当局も蓮舫の不利になる情報はやや出し渋った感もある。そのために代表選に落選したら台湾人から批判も出るだろうと配慮していることをうかがわせる。

同じ民進党でも台湾の民進党はその綱領で「台湾独立」を謳《うた》っている。私は、北京の反対を押し切ってでも父の故郷という名目で台湾を訪問して、日台民進党の２人の女性党首が固く握手して台湾独立への思いを新たにすることかと思ったが、そんなことは一つの中国論に立つ蓮舫がするはずがないとわかって失望している。

ちなみに、私は台湾独立についてこう考えている。日本政府は一つの中国原則に基づき台湾独立論を支持できないが、台湾独立論を中国が抑圧することは間違いである。台湾の人々のほとんどが安定して独立に賛成するようになれば、国際的にも支持が広がるだろうし、そのときには、彼らの希望が叶えられることは好ましいことだ（気持ちとしては台湾独立論を支持したいが、通商産業省の担当課長を経験した立場において、過去の外交を無視できないし、日本政府にとって現実的な選択肢になりにくい政策は提言できない）。

王貞治と蓮舫の「中華民国籍」

蓮舫の国籍に関して表記する場合、メディアは「台湾籍」と「中華民国籍」の２通りの表現を使っている。この問題で誰しもが思い出すのは、日本の国民的英雄である王貞治さんだ。

この王さんのケースと蓮舫のケースを比較すると、台湾についてのいろいろな問題が浮かび上がってくる。

王さんは中華民国籍であり「台湾籍」ではない。王さんは1940（昭和15）年に、当時の東京の本所区（現在の墨田区）に、1922（大正11）年に来日した中華民国籍の王仕福さんと富山県出身の當住《とうずみ》登美さんの次男として生まれた。

出生当時は困難な時代だったため、ご両親は入籍しておらず、王さんは戦後になるまでお母さんの戸籍に入り日本国籍だったそうだ。お父さんの故郷である浙江省はその後、中華人民共和国政府が支配するところとなったが、お父さんは国民政府寄りで、中華民国籍を維持し、このために王さんも中華民国籍となったという。

その後、王さんはプロ野球選手として大活躍し、台湾でも「棒球英雄」としてもてはやされ、たびたび台湾を訪れて国民的英雄となった。しかし、日中国交回復で微妙な立場に立たされることになり、日本人女性と結婚したが、国籍の変更はしなかった。

こうした立場の王さんを「台湾人」や「台湾籍」と言うのはいかにもおかしい。王さんは「中華民国籍」なのだ。

王さんがなぜ日本に帰化しなかったのか、その真相は不明だが、お父さんの気持ちを尊重したともいわれる。ただ、もしかすると台湾では兵役義務があり、国籍離脱を制限していたから、それも関係していたかもしれない。

また、国民栄誉賞を受けたときは「日本人ではないのになぜ？」と論争になった。ただ王さんは、国籍はともかく、野球人としては日本人という意識でいるようだ。WBCの監督として海外遠征したときのこと。海外メディアから「あなたは日本人ですか？」と質問された際（日本のマスコミは自主規制なのかまったく質問しなかった）、王さんは「父は中国人だが、母は日本人です。私は生まれたときより日本で育ち、日本の教育を受け、日本のプロ野球人として人生を送ってきました。疑うことなく日本人です」と答えている。

王さんとしては、当時の規定で早実高校時代、国体に出場できなかったという残念な経験はあるが、日本、台湾のどちらでも国民的英雄とされ、世界の華人の中の偉人としても尊敬され、また、そういう3つの立場を気持ちよく説明している。だからこそ、日本人、台湾人、中国人、（民族としての）華人のいずれからも好感を持たれている。

浮上した台湾の人々への理不尽な仕打ち

台湾では、現在の与党である民進党は独立を綱領に掲げたままだ。「正名運動」と言って、企業などさまざまな組織の名から中国を追放しようという動きがある。

しかし、台湾の内部でも大陸との関係でこの主張はコンセンサスを得ておらず、五輪でもチャイニーズ・タイペイだ。

また、中華民国籍の人は日本の外国人登録証では「中国」と書かれていたが、2012年7月の在留カード制度の導入に伴い、「台湾」と表記されるようになった。運転免許証はかつては「中国」だったが、一時的には空白、現在は電子化されているので欄がない。

台湾の人々の地位をめぐる問題については、多田恵・亜細亜大学非常勤講師が、機関誌の『日台共栄』（2016年10月号）で「台湾という領域についての日本政府の立場」という詳しい論考を書いている。これによれば、美容師や調理師の免許には中国籍と記されるという。また、台湾から流入してきたときは、現在では台湾籍から始める自治体が多いようだ。

《日本は台湾のパスポートも「有効な旅券」としている（出入国管理及び難民認定法施行令第1条）。台湾で結婚した「日台カップル」が日本側に婚姻届を出す際には、台湾の戸籍当局の証明書を添えて提出し、戸籍には「台湾の方式」と記載される。〔中略〕

「日台カップル」の間に子が生まれれば、「日本国籍の保有と同時に台湾籍の保有を希望する場合は、日本・台湾双方の関係機関に届け出を提出する必要があります」（交流協会）とされ、「（日本）国籍留保」の手続きを行い、戸籍には「国籍留保の届出日」が記載される。日本のパスポートを申請する際にも、台湾の「国籍」を有することを記入するよう、窓口で指導される。〔中略〕

もし台湾人が日本に帰化する場合は、その最終段階において、台湾から「喪失国籍許可証書」（国籍を喪失することを許可する証明書）という証明書を日本に提出することが必要とされている。なお台湾人がこの証明書を受けた場合、すでに、台湾の国籍を失っていると扱われる。》（日台共栄 ２０１６年10月号より）

ところが、日台二重国籍の人が台湾籍を選び日本国籍を離脱しようとするのは認めていないのである。その理由は、国籍法の条文が「外国の国籍を有する日本国民は、法務大臣に届け出ることによつて、日本の国籍を離脱することができる（第十三条）」となっているように、「外国の国籍を有する」という条件のもと、台湾（中華民国）は日本が承認している国家ではないため、それが証明書を出すところの「国籍」は「外国の国籍」にあたらないからだという。

もう一つ、蓮舫の国籍選択にあたって、法務省は台湾籍の喪失国籍許可証書の届け出で行うのでなく、国籍選択宣言で対応するように指導している。

この2つのケースについて、どうして法務省が認めないのか、一応、私法と公法の違いなど説明としてはわかるのだが、対象の人々にとって何とも理不尽なことだ。一つの中国原則というよりは国籍法の条文が理由であるなら、法改正をすればよいことだ。

日中国交正常化のときには、まだ蔣介石も健在だったし、あくまでも中国の正統政府を標榜《ひょうぼう》していたのだから、北京政府を正統政府とする以上、台北政府は国家でないとして切り捨てても仕方ないところがあった。しかしいま、独立を望む政党が政権を握っているとなると事情は違う。一般に旧宗主国がかつて国民であった人やその子孫の利益に関心を持つのは世界中ある程度は当然と見られているのだから、もう少し配慮すべきだ。

とは言っても、日中国交正常化のときの枠組みを崩すのもまた代償は大きいものになるに決まっている。忍耐を持って2つの要請の調和を図っていくしかないのである。

ただ、本人が台湾籍を望んでいるのにそれを認めないというのは、国籍自由の原則から言ってもおかしいのでないかと思うのだ。

エピローグ

民進党の危機管理能力のなさ

蓮舫の二重国籍問題であきれはてたことの一つが、民進党の危機管理能力のなさである。党として真正面から対応した様子が見えないのだ。

これが自民党だったら、熟練した幹部が「本人を守りきれるかどうか」について情報を集めて分析し、本人の将来にもっとも傷がつかないように誘導したと思う。

まず、議員や官僚にするときに身体検査をしなかったのはあきれた話だし、私が指摘したときにも調査せず、現在もそうだ。少なくとも第三者委員会でも設けて真相を調査すべきである。それどころか、間違って二重国籍者を代表に選ばないように親切にも教えてあげた私たちに対して「人権問題だ」「ヘイトだ」などと誹謗中傷するとは言語道断だ。

私は野田佳彦が、蓮舫を代表候補に仕立てたのには、それなりの意図があったと思う。もともと民主党を結党した人たちの願いは、日本に健全で政権担当能力があるアメリカの民主党のような「中道左派」を主軸にした党を作ろうということだったはずだ。

しかし、失政を繰り返し政権を失った。そこで、正しい道は、正しく民主党政権の反省をし、理念に酔うばかりでなく、現実的な問題解決力の高い政党に変身することだった。

ところが、安保法制の論議で、国会に招致した自民党推薦の憲法学者が違憲と主張したという手続き的ミスを針小棒大に取り上げて、もともと岡田克也自身も含めて集団的自衛権について否定的でなかったにもかかわらず、旧社会党路線に戻ってしまった。

言ってみれば、城門が敵のミスで一つだけ開いていたのを見て、共産党など信用できない党まで仲間にして三の丸に突入したが退路を断たれた状況なのがいまの民進党だ。

そののち党内は、①旧社会党的万年野党でも一定勢力を確保できればいい勢力と、②何とか中道路線に戻って政権奪回したい人に分かれていると思う。2016年の代表選挙の風景は、この2つの流れが複雑な形で交錯したものだった。

蓮舫は華人としての意識の強さは問題だが、そこを除くとむしろ、「自分は保守だ」と叫ぶほどの新自由主義者で、華人的な感覚からではあるが、国際政治が甘くないことをよくわかった人である。安倍首相とオバマ大統領の広島訪問を絶賛したのはその表れの一つだ。

その一方、蓮舫は女性でハーフだから中国迎合派や人権派も受け入れやすい。野田佳彦はそうした部分を利用し、民進党を正常化する道具にしたかったのだろう。逆に前原誠司、玉木雄一郎両候補のほうは、より真っ直ぐに民進党の中道化を訴えていた。

私は民進党の左派の人々の気持ちはわかるし、その存在価値も認めるが、政権を取り戻し、難しい内外の情勢のなかで成功を収めようとするなら、さまざまな意味での危機管理がきちんとできる中道左派政党となって、ポスト安倍の選択肢としての安心感を国民に与えてほしいと思う。

それが、国籍なんか問題にするほうがおかしいとか、本人が大丈夫だと言っているのだから本人の責任であって党としては知ったことでないなどと言い張るのでは困る。

蓮舫本人については、平気で嘘をついて、しかも言うことが頻繁に変わるのがいけないと言う人が多いようだ。虚言癖というような捉え方もあるが、私はむしろ、強気一点張りの華人気質だと思う。習近平でもそうだが、中国の政治家もビジネスマンも、ともかく強気で非を認めない。すぐに謝る日本人とは好対照である。

しかし、それより問題は、蓮舫の記憶力の悪さだ。政治家、とくに外交に携わる者は、いつどこで何を言ったかを完璧に憶えている必要がある。ところが、今回の騒動の経緯を通じて、昨日言ったことも忘れてその場しのぎで苦し紛れの日変わり発言を繰り返した。

こんな政治家に外交をやらせたら大変なことになるし、そういう人を首相候補として推そうというのは、民進党も大胆すぎである。

トランプ当選や英国EU離脱の原因となった移民・難民問題

2016年という年は、前年の連続テロに続いて、移民・難民問題が西側世界を揺るがし、それがイギリスのEU離脱、アメリカでのトランプ大統領の誕生という衝撃的な出来事に結びついた。フランスの駐米大使が「世界が壊れていくのを見ているのだ」と叫んだほどだ。

たしかに移民は世界の進歩のためにも欠かせぬ現象だし、政治的難民は保護されねばならない。しかし、受け入れる方からすれば、それによって、意に反する形で文化や社会構造が変えさせられるまでの必要はない。

企業でも資金や人材を外部から受け入れるが、乗っ取られないように安定株主を確保するし、望まない方向に企業文化が変わらないように工夫する。

それは国でも同じことで、移民が母国の利益のために受け入れ国の外交を歪めたり、もともとの住民の望まない形で文化や社会構造を変えたり、雇用条件を悪化させたりしないように考慮するのは当然のことだ。

ところが、そういう配慮をせずに移民・難民を受け入れたので、人々が危機感を持った結果、英米両国民が極端な選択をしたのが2016年の出来事だった。

アメリカでは、ヒスパニックが不法移民などで入り込んでくる。しかも、彼らの多くは英語を学ぼうともしないし、福祉政策などの負担は増えるし、入学試験などで優先枠を与えねばならないという現状がある。

ヨーロッパでは、イスラム教徒同士の争いの結果、凶暴な勢力に抵抗しない人たちが中東・アフリカなどで国を捨てて逃げてくるのをヨーロッパが受け入れるので、ますます本国では困った勢力が優位に立つ。

しかも、逃げてきたとはいえ移民自身の多くも前近代的な考え方である。私は、ヨーロッパはイスラム教の伝統的な考え方に甘すぎると思う。キリスト教やほかの宗教、思想で前近代的で人権侵害だとされることが、どうしてイスラムには信仰の自由として許されるのか理解不能だ。フランスでブルカ（女性が全身を覆う外衣）の公共の場での着用禁止やムハンマドへの風刺の自由を擁護するのは、当然のことだ。

そして日本に目を移すと、やはり、特定の民族や国民が同化されることなく集中的に日本に入ってくることは好ましくないと思う。とくに、彼らが日本の社会を壟断《ろうだん》するような勢力になることはあってはならない。まして、政治の分野において集団として政治勢力化してしては、対策を立てることすら不可能になってしまう。

私は移民の増加には、日本に入るのも出るのも一般論として賛成だ。ほどほどなら、日本はグローバリゼーションのなかで強くなるだろう。

そこで、①爆発的な増加は避ける、②特定の国からの移民に偏らないように選別もすべき、③日本への同化政策を強くとる、ということが必要だと思う。そして、②と③の両方に関係するが、親日的な国や個人を優先することも大事である。

そして、そういう意味でいうと中国、あるいは華人については、言語的に同化が容易というメリットもあるが、反日的な教育を受けているなど、華人としての意識が強くて現地に同化しにくいというデメリットもある。

しかし、それより大問題はその数だ。国籍を問わない「華人」「華僑」の数の多さである。中国という存在がアジア諸国にとって頭が痛いのは、そこなのだ。

すでに論じたところだが、アジアでEUのような共同体が現実的でないのは、議会を設けたら半数以上が中国人になるからである。中国人の数%が九州・沖縄に押し寄せたらどうなるのか。難民でなくとも、私が真剣に心配しているのは、沖縄に意図的に華人・華僑が送り込まれ始めたらどうなるかだ。

しかも、中国や台湾は、日本固有の領土である沖縄県・尖閣諸島を「自国領だ」と主張しているし、沖縄に野心を隠さないようになっている。そういうなかで、日本に人口構成を変えるほどの華人が住み、しかも政治的に大きな力を持つようなことを避けるべきだという意見を排外主義と言うべきではない。

彼らの国の政治を日本から移民したとしても動かせるわけでないのだから、まったく一方的にやられっぱなしになるであろう中国からの移民や難民については、政策的な観点からしっかりと掌握し、コントロールすべきだと思う。

在日コリアンについても、さまざまな問題がある。とくに、国籍や帰化など出自を隠せるという世界的にも異例なシステムのもとで、各界でのネットワークを知らぬ間に広げて、国策に影響を与えている実情は何とかしてほしいが、少なくとも日本の人口の大きな割合になることはあり得ない。それと比べても華人の問題は、はるかに深刻な問題なのだ。

【著者略歴】
八幡和郎（やわた・かずお）

1951年、滋賀県生まれ。東京大学法学部を卒業後、通商産業省に入省。北西アジア課長、大臣官房情報管理課長、国土庁長官官房参事官などを歴任。在職中にフランスの国立行政学院（ENA）に留学。97年の退官後、現在は徳島文理大学教授、国士舘大学大学院客員教授を務めるほか、作家、評論家として、テレビなどでも活躍中。著書に『歴代総理の通信簿』(PHP文庫)、『政界名門一族の査定表』(宝島社)、『本当は分裂は避けられない!?　中国の歴史』(SB新書) など多数。

蓮舫「二重国籍」のデタラメ

2017年1月9日　第1刷発行

著　　者　八幡和郎
発 行 者　土井尚道
発 行 所　株式会社　飛鳥新社
〒101-0003　東京都千代田区一ツ橋2-4-3　光文恒産ビル
電話　03-3263-7770（営業）　03-3263-7773（編集）
http://www.asukashinsha.co.jp
装　　幀　冨澤 崇（イーブランチ）
印刷・製本　中央精版印刷株式会社

ISBN 978-4-86410-534-7